What's up BURNOUT!

와썹 번아웃!

와썹 번아웃! (What's up BURNOUT!)

쉼표 찍고, 커리어 터닝포인트를 잡아라

초 판 1쇄 2025년 09월 18일

지은이 김현주(웰씨킴)
펴낸이 류종렬

펴낸곳 미다스북스
본부장 임종익
편집장 이다경, 김가영
디자인 윤가희, 임인영
책임진행 김요선, 이예나, 안채원, 김온진

등록 2001년 3월 21일 제2001-000040호
주소 서울시 마포구 양화로 133 서교타워 711호
전화 02) 322-7802~3
팩스 02) 6007-1845
블로그 http://blog.naver.com/midasbooks
전자주소 midasbooks@hanmail.net
페이스북 https://www.facebook.com/midasbooks425
인스타그램 https://www.instagram.com/midasbooks

ISBN 979-11-7355-497-1   03190

값 18,500원

미다스북스는 다음세대에게 필요한 지혜와 교양을 생각합니다.

쉼표 찍고, 커리어 터닝포인트를 잡아라

What's up

BURNOUT!

와썹 번아웃!

김현주(웰씨킴) 지음

미다스북스

프롤로그

,

"선생님, 덕분에 목표하던 회사에 최종 합격했어요! 정말 감사합니다."

15년간 수많은 사람들과 함께 써 내려간 취업 성공 스토리들. 그들의 환한 미소와 진심 어린 감사 인사는 세상 그 무엇과도 바꿀 수 없는 소중한 보상이었습니다.

사람들의 꿈을 현실이 될 수 있도록 돕는 취업컨설턴트라는 직업이 천직이라 생각하며, 강의와 컨설팅, 방송 패널 등 다양한 활동을 했습니다. 운이 좋게도 서울시 청년창업프로젝트에 선정되어 컨설팅 회사를 창업하였고, 성장가치를 인정받으며 빠르게 성장할 수 있었습니다. 성실함과 전문성이 있다면 목표하는 것은 모두 이룰 수 있을 것이라 믿었습니다. 그래서 현실에 안주하지 않고 더 큰 꿈을 품으며 호주 워킹홀리데이와 대학원 유학에 도전했습니다. 하지만, 밝은 미래만을 바라보며 달려온 길, 그 끝에는 예상하지 못한 코로나19와 번아웃이라는 복병이 기다리고 있었습니다.

매 순간을 열심히 살아왔다고 자부했는데, 일에 대한 비전과 건강이 무너지는 상황을 마주하니 그동안 쌓아온 모든 것이 한순간 모래성이 되어버린 듯 허무하게 느껴졌습니다. 성실함이라는 강력한 장점은 번아웃으로 이어져 몸과 마음을 모두 태워버렸습니다. 그렇게 의욕도 목표도 잃은 채 장기 실직자가 되었고, 2년의 휴직기와 1년의 재도약 준비 시간 동안 바닥을 뚫고 계속 추락하는 듯한 고통을 견뎌내며, 삶과 죽음의 경계에서 처절하게 발버둥쳤습니다.

그리고 마침내 지난했던 번아웃을 이겨냈습니다.

긴 터널을 지나 다시 사회로 복귀했을 때, 이전보다 더 단단한 내면과 특별해진 커리어를 가지고 돌아왔습니다. 3년간 겪었던 번아웃 과정과 취업컨설턴트 경력을 결합해 그 어디에도 없는 '번아웃 경력개발컨설턴트'라는 새로운 직업을 만들었습니다. 이를 통해 번아웃이 실패와 낙오자의 경험이 아니라 삶의 방향성과 커리어를 재정비하는 시간이라는 것을 알려주려 합니다.

이 책은 제2의 인생, 제2의 커리어인 번아웃 경력개발컨설턴트로서의 첫 걸음입니다. 3년이라는 긴 시간 동안 번아웃과 씨름했지만, 동시에 나를 돌아보고 진짜 원하는 삶을 찾아갈 수 있는 기회의 시간이기도 했습니다. 그런 의미에서 이 책의 이름을 『와썹 번아웃! What's up

Burnout!』이라고 지었습니다. 인생의 터닝포인트가 되어준 번아웃에게 "왔어, 번아웃?"이라고 유쾌하게 인사를 건네고 "무슨 일 있니?"라고 물으며, 자신을 돌아보는 시간을 가지길 바라는 의미를 담고 싶었습니다.

'이 또한 지나가리라', '의미 없는 고통은 없다'라는 것이 제가 이 책에서 전하고 싶은 핵심 메시지입니다. 책을 읽는 동안만이라도 번아웃을 심각하게 받아들이지 않았으면 합니다. 그리고 지금 이 순간 당신이 이 책을 읽고 있는 것만으로도 번아웃 극복에 희망적인 신호이니까요.

에너지가 완전히 고갈된 후 다시 끌어올리는 것보다, 조금이라도 남아있을 때 채우는 것이 훨씬 효율적입니다. "내가 왜 이렇게 됐을까?", "그동안의 나의 노력이 헛된 것일까?" 자책하는 대신, 저의 번아웃 전후 여정을 간접적으로 경험하며 마음을 내려놓는 시간을 가져보기를 바랍니다. 이 책을 읽고 있는 지금이 번아웃을 극복하기 위한 최적의 시기라는 것을 기억하시고, 이 기회를 놓치지 마세요.

번아웃의 한복판에 있을 때는 반드시 이겨내야 할 적처럼 보입니다. 하시만 번아웃의 가장자리에서 큰 숲을 내려다보면, 그 속에는 고통과 좌절, 분노와 단절, 그리고 성찰과 성장이라는 다양한 감정과 여정이 함께 존재함을 알 수 있습니다.

이 책이 여러분에게 번아웃의 큰 숲을 볼 수 있는 망원경이 되길 바랍니다.

지금부터 그 숲 속으로 안내하려 합니다.

번아웃의 끝자락에서

김현주(웰씨킴)

목
차

번아웃 탈출
: 회복은 작은 행동에서부터

PART 3

번아웃 승화
: 삶에 대한 고찰

PART 4

번아웃 극복
: 다시 일어서는 순간

PART 5

번아웃,
커리어 터닝포인트 점검

WORK
BOOK

PART 1

번아웃의 서막
: 성실함이라는 함정

BURNOUT!

"열심히 살아온 인생
꽃을 피우나 했더니 번아웃이 왔다
어떻게 살아야 잘 사는 인생일까?"

— 김현주(웰씨킴)

1

머리가 아닌 가슴이 시키는 일

,

"내 가슴이 시키는 대로 살지 못하면서

어떻게 다른 사람에게 비전을 가지고

살라고 말할 수 있겠는가?"

잭 캔필드, 마크 빅터 한센, 『내 영혼을 위한 닭고기 수프』

"나도 잭 캔필드처럼 될 거야!"

학창시절 책상에 놓인 『내 영혼을 위한 닭고기 수프』를 읽으며 수없이 이런 생각을 했다. 잭 캔필드처럼 전 세계 수많은 사람들에게 희망을 전하는 동기부여 전문가가 되고 싶다고 말이다. 그리고 그 꿈에서 맞닿은 직업이 바로 취업컨설턴트였다. 구직자들과 마주 앉아 그들의 이야기를 들으며, 진로와 취업 방향에 대한 생각들을 정리할 수 있도록 도와주고, 취업에 대한 희망과 긍정적 에너지를 나누며 그들의 길을 응원했다. 그러나 아직 완성되지 않은 퍼즐처럼 동기부여 전문가와 멘토가 되기 위해 서는 부족한 것이 있다고 느껴졌다. '취업'이라는 바다는 생각보다 깊었 고, 내가 경험한 것은 얕은 파도에 불과하다는 생각이 들었다. 그리고 취 업컨설팅 경력이 쌓일수록 더 다양한 경험과 뛰어난 스펙을 가진 구직자 들을 만나게 되었지만, 나는 그들에게 내가 아는 지식과 사례를 기반으 로 한 제한적인 컨설팅을 해줄 수 밖에 없었다.

한계를 한계로 남겨둘 것인가, 넘어볼 것인가

나는 직접적인 경험을 통해 배우고 성장하는 것을 선호한다.

"제가 워킹홀리데이(해외 유학) 경험을 어떻게 장점으로 활용할 수 있을까요?"

이런 질문을 받을 때마다 마음 한구석에서 아쉬움이 올라왔다. '내가 그 길을 직접 걸어봤다면, 더 생생하고 실질적인 조언을 해줄 수 있을 텐 데…'라는 생각이 들었다.

그리고 내 한계를 인정한 순간, 내가 경험하지 못한 것들이 새로운 기 회처럼 느껴졌다. 해외 경험이 부족하다면 해외로 나가보면 된다. 다양 한 산업에 대한 이해가 부족하다면 그것들을 하나씩 경험해 보면 되는 것이다.

세상의 모든 일을 경험할 수는 없지만, 스스로 경험의 한계를 만들지 않는다면 세상의 다양한 일들을 시도해 볼 수 있다. 나는 경험하지 못한 해외 취업에 대해 더 이상 이론적 지식과 타인의 사례로만 이야기하고 싶지 않았다. 그래서 취업컨설턴트로서 전문성과 입지를 굳혀갈 수 있던 시기에 강의 및 방송 일을 모두 정리하고, 3개월 후 호주 워킹홀리데이를 떠났다.

더 나은 멘토, 더 나은 컨설턴트가 되기 위해 가슴이 시키는 길을 선택한 것이다.

2
토익 200점대로 워킹홀리데이 도전

,

"'하면 된다'보다

'되면 한다'는 말을 자주 하면

나이를 먹은 것이다."

한만오, 『뼈 때리는 시』

영어 못해도 해외 생활이 가능할까?

영어를 잘하고 싶지만, 다른 나라 말을 잘하는 것이 쉽지 않다. 오죽하면 중학교부터 고등학교까지 6년을 배웠지만 영어 수준은 요즘 유치원생 수준에도 미치지 못했다. 그러나 사회생활을 해본 성인으로서 삶의 경험과 눈치껏 알아 듣는 센스만 잘 활용한다면 어려울 것이 없다고 생각했다. 두려움보다 더 큰 꿈과 계획이 있었으니까.

10시간 이상의 긴 비행, 이전의 해외 여행들과는 다른 느낌, 뭔가 새로운 상황이 펼쳐질 것 같은 기대감을 안고 시드니에 도착했다. 예약한 숙소 주인 할아버지의 픽업으로 시내에서 약 한 시간 거리인 펜들힐에서 호주 생활을 시작했다. 사진으로 보았던 호주의 주택가는 깔끔하게 정리된 도로와 가로수, 그리고 넓은 정원을 품은 집 그대로였다. 자녀가 출가하여 쉐어룸으로 사용하고 있다는 작은 방에 짐을 풀고, 앞으로의 생활을 상상하며 첫 날을 보냈다. 그리고 이튿날, 번화가인 타운홀로 나와 일자리를 알아보기 위해 지리를 읽히며 주변을 탐방했고, 카페와 레스토랑, 펍 등 현장 입사지원을 하기 위해 돌아다녔다.

　　"Hi, I'm looking for work and wondering if you're hiring. I'm available to start immediately and very interested in working here."

　　며칠 동안 외웠던 문장을 반복하며 카페에 들어가 이력서를 전달했다. 그리고 혹시 질문을 할까 두려운 마음에 어색한 미소를 남기며 재빨리 돌아서 나왔다. 반나절 동안 카페 3곳에 현장 지원을 했지만, "사장이 없어서 오면 전달해 주겠다."는 답변을 끝으로 어느 곳에서도 연락은 오지 않았다. 다음날 다시 찾은 타운홀은 조금 더 익숙한 느낌이었다. 준비해 간 이력서를 들고, 믹이를 찾아 어슬렁대는 하이에나처럼 일하고 싶은 곳을 탐색했다. 그러다 손님이 반쯤 차 있는 카페에 들어가 준비한 이력서를 전달하며 구직의사를 밝혔다. 직원은 바쁘지 않은 듯 보였지만, 서류를 받자마자 확인도 하지 않은 채 그대로 반을 접어 모서리에 끼워두었다. 내가 영어 실력이 부족한 외국인 노동자이기는 하지만, 취업컨설턴트로서 이력서 작성 스킬만큼은 인정받을 수 있다고 기대해서인지 순간 자존심이 상했다. 적어도 내용 확인은 해야 되는 것이 아닌가.

그래서 카페를 나오자마자 마트로 가서 쫄대형 파일 폴더를 구매하고 이력서를 넣은 뒤 다시 현장 지원을 다녔다. 추가로 카페와 레스토랑 두 곳을 더 방문하여 폴더에 넣은 이력서를 전달하며 꼭 일하고 싶다고 눈을 마주치며 마음을 전했다. 결과는 어땠을까? 운이 좋게도 두 곳 모두 연락이 왔다. 이력서에서 정성이 느껴졌다며 일도 성실하게 잘 할 것 같아서 연락했다고 말했다. 구직활동 이틀만에 면접을 볼 수 있는 기회가 주어졌다. 영어 실력이 부족할수록 현장 지원이 답이라고 생각했던 전략이 통했던 것이다.

그러나 안타깝게도 면접을 진행하면서 매니저가 무슨 말을 하는지 20퍼센트도 이해하지 못했다. 그래도 사회생활 베테랑으로서 말의 뉘앙스를 눈치로 알아듣고, 눈을 마주치며 적극적인 모습을 보여주었다. 다행이 면접을 본 두 곳 모두 채용 의사를 밝혔고, 레스토랑이 카페보다 급여 조건과 위치기 편리하여 다음날부디 출근하기로 했다. 욕심 같아시는 사람들과 대화를 많이 해볼 수 있는 웨이트리스 일을 하고 싶다는 생각도 있었지만, 면접을 경험해 보니 영어의 벽이 높다는 것을 인정할 수 밖에 없었다. 그래서 현실을 인지하고 주방보조인 키친핸드를 하겠다고 했다. 그렇게 시급 21불, 하루 8시간 근무로 호주에서의 첫 일을 시작했다.

실력도 능력도 없으면 성실하기라도 해야 한다는 것이 나의 지론이다. 언어적으로 소통은 원활하지 않았지만, 눈치껏 쉐프들이 원하는 것들을 빠르게 파악하여 재료를 미리 준비해 두고, 손님이 없는 시간에는 까맣게 그을린 냄비들을 몇 시간씩 자발적으로 닦기도 했다. 영어를 못해서 더 묵묵하게 일했고, 그 모습에 호주 동료들은 나를 더욱 믿음직한 사람으로 평가해 줘서 금세 업무 환경에 녹아들 수 있었다. 그러나 일주일이 지날 즈음부터는 관절 근육통과 부종이 생기기 시작했다. 안 쓰던 근육과 관절들을 갑자기 많이 쓰면서 무리가 되었던 것이다. 아침에 일어날 때면 손가락 관절을 구부리기가 힘들 정도로 빡빡하고 통증까지 동반되어 고통스러웠다. 눈물이 핑 도는 통증이라는 말을 오랜만에 체감하며 육체 노동에 적응하려고 노력했다. 다행스러운 것은 인간은 적응하는 동물이라는 것이다. 한 달이 지나자 통증도 점차 약해졌고 일도 손에 익어 편해졌다.

일이 익숙해질 무렵부터 친해진 쉐프와 함께 시드니 타운홀 이곳저곳을 다니며 구경도 하고, 휴무일에는 해변가에서 맥주를 마시며 여가시간을 보냈다. 호주에 온 지 한 달이 지나서야 비로소 마음의 여유와 자유로움을 만끽할 수 있었다. 세 달이 지날 즈음에는 시드니 하버브릿지와 오페라하우스 그리고 본다이 비치에 단골 장소가 생길 정도로 현지에 적응했다. 그러나 워킹홀리데이로 주어진 1년 안에 다양한 일들을 경험해보기 위해 근무 3개월 차에 농장으로 이동하기로 결정했다. 떠나기 전 동료들에게 불고기와 잡채 등 몇 가지 한국 음식을 만들어 주었고, 마지막 근무 날 다같이 파티를 하며 즐겁게 와인을 마셨다. 매니저는 "레스토랑에서 더 일해줄 수 없겠냐"고 물었지만, 다음 목적지가 있다며 '안녕'을 고했다. 떠날 때는 미련 없이 서로의 앞날을 응원하며 작별하는 것이 깔끔하다. 아쉬운 마음이 그리움이 될 수 있도록.

시드니에서 1,200km를 달려 퀸즐랜드로

며칠 뒤, 저렴한 현대 겟츠 수동형 중고차를 구입하여 차량 점검을 마쳤다. 호주는 한국과 운전석이 반대인 관계로 익숙하지 않은 운전 방향으로 인해 역주행을 하는 아찔한 순간이 생길 수 있어서 며칠 시내 적응 운전을 마친 뒤 이동했다. 목적지는 농장이 많다는 퀸즐랜드의 스텐소프였다. 시드니에서 퀸즐랜드 스텐소프까지는 1,200km 정도 거리로, 3일을 예상하고 여행하며 쉬엄쉬엄 가기로 했다. 호주의 고속도로는 한국처럼 평탄하지 않아서 운전 피로도가 높았고, 휴게소는 간이 휴게소처럼 화장실과 작은 마트나 카페로 구성된 곳들이 많았다. 그럼에도 좋았던 것은 인적이 많지 않은 자연 속에서 운전하며 평온함을 느낄 수 있다는 것이다. 600km 즈음 지났을 무렵, 우연히 들른 바닷가 주차장에서 잠시 눈을 붙이고, 새벽 일찍 다시 차를 운전해 이튿날 밤에 도착했다.

어둠이 내린 스텐소프 마을, 조용했지만 안락해 보이는 시골이었다. 울워스 마트에 들러 간단히 먹을 거리를 구매하고, 벽보에 붙은 구인 글들을 둘러봤지만 마땅한 자리가 없었다. 일단 숙소를 구해야겠다는 생각에 주변을 둘러보니 한국인 몇 몇이 있어서 말을 붙였다.

"숙소를 구하고 있는데, 혹시 아는 곳이 있나요?" 다행히도 다른 한국 지인의 집을 소개해 줬고, 그곳에서 하나 남은 1인실을 예약하여 묵을 수 있었다. 다음 날 새벽, 사람들이 분주하게 움직이는 소리가 들렸고, 다들 근처 농장으로 출근하는 것 같았다. 아직 일자리를 구하지 못한 상태라 사람들이 나간 뒤 작은 마을을 둘러보고 인력소개소에 들러 이력서를 남기고 돌아왔다. 오후 3시가 지나니 하나둘 사람들이 귀가하기 시작했고, 흙먼지가 묻은 옷을 세탁하며 각자의 시간을 보낸 뒤 저녁을 함께 먹었다. 다들 근처 딸기 농장에 다니는데, 새벽 6시부터 오후 2시 전후로 끝난다며 아직 시즌이 본격적으로 시작되기 전이라 딸기를 수확하는 '피커'를 많이 채용하지는 않는 것 같다고 했다. 그리고 인력소개소에서 연결될 때까지 연락을 기다려 보라고 했다.

두드려라 열릴 것이다

나는 가만히 앉아서 기다리면 감이 입으로 떨어진다고 생각하지 않는다. 하루라도 빨리 농장일을 경험해 보고 싶다는 생각에 직접 움직여 보기로 했다. 한국의 새벽 인력시장처럼 농장에 가서 기다리다 보면 기회가 있지 않을까 하는 기대로 다음 날 새벽 사람들을 따라나섰다. 숙소에서 20분 이내의 거리, 깜깜한 새벽 길을 뚫고 40여 명의 피커들이 모여있는 창고로 가서 호주인 매니저의 말을 들었다. 영국식 발음이 섞인 특유의 말투로 빠른 속도로 말하는 통에 무슨 말을 하는지 알아듣지는 못했지만, 몇몇 단어들로 대략적인 내용은 알 것 같았다. 그렇게 조례를 마친 후 다들 좌식 수레를 끌고 딸기밭으로 향했다. 그때 혼자 멀뚱히 서있는 나와 눈이 마주친 매니저가 "너는 왜 일을 안 하니?"라고 물었고, 나는 짧은 단어로 "오늘 처음 왔고 일자리를 구하고 있다"고 말했다. 매니저는 "OK"라고 말한 뒤 사라졌고, 채용 여부 확답은 듣지 못했지만, 무상으로 며칠 일을 하더라도 농장 일을 해보고 싶은 마음에 워커들을 따라 딸기 채취용 수레를 밀며 농장일을 시작했다. 다음 날도 그 다음 날도 이어졌고, 3일 차에 농장 매니저가 물었다. "너 왜 여기 있어?" 순간 올 것이 왔다는 생각이 들었다. "네가 'OK'라고 해서 3일째 일하고 있어."라고 대답하니 황당하다는 표정을 지으며 체념한 듯 "그래 계속 일해, 그리고 네 워킹 서류 작성하러 와."라고 말했다. 그렇게 호주에서의 두 번째 일이 정식으로 시작됐다.

철 따라 이동하는 철새처럼

딸기는 봄에서 여름으로 가는 시즌에 수확을 하기 때문에 해가 일찍 나는 새벽부터 무더운 땡볕을 등에 업고 일을 해야 했다. 온몸을 감싸도 뚫고 들어오는 햇볕에 피부가 벗겨지고 새까맣게 그을리기는 했지만, 땀 흘리며 바로바로 수확되는 딸기를 보고 있으면 즉각적인 성취감이 보상처럼 느껴졌다. 한국에서라면 돈을 주고 체험할 딸기 수확을 호주에서 돈을 받고 수확하고 있으니 이 얼마나 즐거운 일인가 하는 생각과 함께 땡볕에서 체력이 저하되고 피로가 쌓일 때면 파업을 하고 싶은 생각도 들었다.

한국이라면 시원한 실내에서 편안하게 일하고 있을 시간에, 해외 농장에서 "내가 왜 이 일을 하고 있나" 하는 회의감이 들기도 했다. 그러나 그러한 경험 덕분에 외국에서 일하는 사람들의 마음을 조금이나마 이해할 수 있었기에 값진 시간이라 생각했다. 이런저런 생각을 하며 하루하루를 보내는 동안 점차 딸기를 수확하는 속도가 빨라지고, 두 달 후 성수기에는 60여 명의 피커들 사이에서 상위 10위 안에 들 정도로 손에 익었다.

비록 그 영광에는 무릎 관절의 희생이 따랐지만, 육체적 노동이 주는 만족감을 온전히 즐기며 일할 수 있어 좋았다.

이후, 딸기를 포장하는 '팩킹' 업무를 끝으로, 딸기 시즌이 지나 파프리카 농장을 소개받았고, 시급 23불에 실내에서 팩킹 업무를 하게 되었다. 기계에서 분류하지 않는 하급 파프리카를 크기별로 선별하여 무게에 맞춰 박스에 포장하는 작업이었다. 일은 쉬웠지만, 주인 내외의 신경질을 받아줘야 해서 대부분의 팩커들이 얼마 버티지 못하고 동반 퇴사를 했다. 마침 여름이 끝나가는 시점으로 딸기 모종 선별 시즌이 다가왔고, 나 역시도 파프리카 농장에서 한 달 근무 후 이동했다.

딸기 모종 선별 작업은 여름의 끝을 알리는 신호이기도 하다. 여름 시즌이 지나면 농작물 수확이 줄어들어 일자리도 감소한다. 농장은 다음 시즌을 위해 모종을 미리 준비해야 하기 때문에 워커들도 농장 일의 마지막 코스인 모종 분류작업을 끝으로 대부분 농장을 떠난다. 한 달 정도로 단기 작업이지만, 능력에 따른 인센티브제로 높은 수당을 기대할 수 있고, 에어컨은 없지만 실내에서 하는 업무라 더위를 피할 수 있다는 장점이 있었다. 업무는 긴 작업 테이블 양쪽에 서서 큰 통을 메단 컨베이어가 천장에서 지나가면서 딸기 모종 더미를 떨어뜨리면 그룹별로 워커들이 흙 먼지를 털어내고, 상품이 되는 것들을 골라낸다. 마치 땅따먹기 게임처럼 서로 모종을 많이 챙기겠다며 실랑이가 벌어지기도 하지만, 4주라는 짧은 기간 고수익을 만들 수 있는 일이었기에 매주 지급되는 급여 명세서를 확인하는 것이 기대되는 일이기도 했다.

시간은 금세 지나가고, 겨울이 온 농장은 조용해지기 시작했다.
레스토랑 키친핸드부터 딸기 농장 픽커와 팩커, 파프리카 농장 팩커, 딸기 모종 분류까지 바삐 일하는 동안 호주 워킹홀리데이가 종료되었다.

3

두 번째 워홀,
외국인 노동자의 목소리

,

"인간이 추구하는 자유에는 두 종류가 있다.

하나는 '욕망의 자유'이고,

다른 하나는 '욕망으로부터의 자유'이다."

아잔 브라흐마, 『술 취한 코끼리 길들이기』

'욕망으로부터의 자유와 해방을 느끼며'

한국에서는 목표와 성과 그리고 변화에 적응하기 위해 앞만 보고 달리면서 자의와 타의에 의한 심리적 압박감을 벗어날 수 없었다. 그러나 워킹홀리데이 기간 동안 키친핸드 및 농장 픽커와 팩커 등 단순 업무를 하면서 정신적인 스트레스에서 해방된 느낌이 들었다. 그래서인지 1년만 보내고 한국으로 돌아가겠다던 계획이 조금 더 자유로운 생활을 향유하고 싶다는 생각으로 바뀌었다. 한국에서라면 타인의 시선과 사회적 인식에 신경 쓰고 꺼려했을 일들을 호주에서는 '직업에 귀천이 없다'는 말을 체감하며 오롯이 나의 관점에서 생각하고 결정할 수 있어서 좋았다.

 그래서 1년간 추가 체류할 수 있는 세컨드 비자 승인 후, 이번에는 공장 일을 시도해 보기로 했다. 우선 농장에서의 경력을 기반으로 이력서를 업데이트하고, 공장이 많은 퀸즐랜드 브리즈번으로 이동했다. 이전처럼 현장 지원을 위해 공장들을 방문했지만, 농장과 달리 공장은 제품의 위생과 안전상의 이유로 출입이 제한되어 현장 지원이 어려웠다. 그래서 온라인 지원을 위해 호주 취업 포털사이트인 'Seek.com'에서 'Factory Process Worker'를 검색하여 숙소 인근부터 지원했다. 10여 군데를 지원했을 즈음, 세 곳에서 연락이 왔지만, 한 곳은 전화 인터뷰를 제대로 응하지 못해서 불합격했다.

 다행히도 다른 곳은 메일과 현장 인터뷰를 진행하여 희망이 있었다. 그중에서 마음에 들었던 한 곳은 브리즈번에서 3개의 공장을 운영하는 오가닉 푸드 업체였다. 현장에서 만난 인사담당자는 포근한 이미지와 배려하는 자세가 좋은 사람이었다. 10여 분의 인터뷰를 마친 후, 책 한 권을 주며 시험을 통과해야 최종 합격이라고 했다. 호주에서 처음 마주한 큰 닌관, 시험이 있을 서라는 예상을 못했지만, 부속한 영어 실력이나마 성심 성의껏 답을 채웠다. 문제 중 가장 쉬웠던 부분은 포장할 때 무게와 사이즈를 계산하는 산수 문제들이었고, 이려웠던 깃들은 길게 실명된 안전관련 문제들이었다. 우여곡절 끝에 1시간여 만에 시험을 마쳤지만 결과를 확신할 수 없었고, 불합격에 가까운 예감이 들었다. 그러나 예상과 달리 인사담당자로부터 합격 메일을 받았고, 다음 날부터 바로 출근하게 되었다. 아마도 인사담당자는 수없이 많은 외국인 노동자들과 면접을 경험했을 것이다. 그래서 영어 실력이 부족하더라도 팩킹 업무를 충실히 수행할 수 있는 자세와 의지를 높게 평가한 것이 아닌가 생각한다. 그것이 아니라면 객관적으로 보아도 부족한 영어 실력으로 시험을 통과할 수가 없으니…. 그래서 기회를 준 것에 더 감사한 마음으로 받아들였다.

 배정된 곳은 최근에 지어진 공장으로 위생을 철저하게 관리하는 듯 보였다. 화이트 패널로 덮인 공장 내부에는 포장 기계가 있었고, 기계 고장이 잦아서 팩커들이 직접 밀봉을 하고 박스에 넣는 작업들을 했다. 농장 일에 비하면 에어컨 바람이 나오는 시원한 실내, 그리고 매일 세탁되는 깔끔한 가운을 입고 흙먼지 없이 일할 수 있는 쾌적한 환경이었다. 그제서야 워홀러들이 농장보다 공장을 선호하는 이유를 알 수 있었다. 무엇보다 법정 기준 임금보다 높은 시급에 주말이나 공휴일 근무 시 2배의 시급을 주기 때문에 업무에 대한 보상이 좋았다. 예를 들어, 평일 시급은 23불, 주말 시급은 46불 이상으로, 주말 이틀만 일해도 평일 4일치 급여가 된다.
 디만 사람과 기계가 함께 있는 공간이다 보니 인사사고에 대한 주의가 필요했다. 근무할 당시 다른 지점에서 지게차에 깔려 큰 부상을 입고 수술을 하거나, 기계에 손가락이 끼는 사고들이 몇 차례 있었다. 기계의 힘이 인간의 힘보다 세기 때문에 사람이 무조건적으로 더 주의를 하는 수밖에 없었다. 다른 부분으로 주의할 점은 사람과의 관계였다. 첫 근무지에서는 인도계 호주 이민 남성 슈퍼바이저와 함께 일했고, 업무 특성상 여성 팩커들이 많은 점을 이용하여 부적절한 제안을 하기도 했다. 출근 일주일이 지났을 무렵부터 "남자친구가 있는지" 개인적인 정보들을 물으며, "자기와 주말에 데이트하는 것이 어떠냐"고 귀찮게 했다. 나는 불필요한 접근을 차단하기 위해 "남자친구도 있고 너와 데이트할 생각이 없다"고 확실하게 대답했지만, 그 후로도 몇 차례 추파를 던졌다. 한 날은 "주말 시급이 두 배인데, 일하고 싶지 않냐"고 물었고, 나는 "하겠다."라고 대답했다. 그런데 자신과 데이트를 하면 주말 근무도 배정해 주겠다고 말하는 것이다.

레스토랑에서 키친핸드로 일 할 때도 한 쉐프에게 과한 관심과 집착을 경험했지만, 강력하게 나의 의사를 표현하니 더 이상 문제를 만들지 않았다. 그러나 이번 경우는, 개인적으로 의사를 표현해도 막무가내의 태도를 보였다. 우선 동료들과 이야기를 나누면서 그 전에도 비슷한 사례가 많았다는 것을 알게 되었고, 퇴근 후 인사담당자에게 메일을 보냈다. "근무 중인 시점의 슈퍼바이저가 일과 관련 없는 말들로 귀찮게 하고, 자신과 데이트를 하면 주말 근무를 시켜주겠다는 말을 했다. 조치를 바란다."라고 말이다. 메일을 받은 인사담당자는 "이런 일을 겪게 해서 미안하게 생각한다. 슈퍼바이저에게 주의를 주겠다"고 답변이 왔다. 그 일이 있은 후로 불이익은 없었는지 궁금하다면, "더 일이 잘 풀렸다."라고 할 수 있다. 그 후, 슈퍼바이저는 업무 대화 이외에는 말을 걸지 않았고, 능력에 따라 주말 근무를 배정해 주어 근무 여건은 더 좋아졌다.

그러나 이런 일을 겪고도 신고하지 않는 외국인 노동자나 워킹홀리데이 워커들이 많다고 들었다. 그 이유는 영어 소통에 대한 어려움도 있고, 오래 있을 것이 아니므로 참고 넘기겠다는 것이다. 더욱이 시간제 워커들의 근무표를 슈퍼바이저가 관할하는 경우가 많기 때문에 도움을 요청하는 과정에서 불이익을 당하지 않을까 염려를 하는 것이다. 그러나 대부분의 걱정은 우리가 생각하는 것보다 원만하게 잘 해결되는 경우가 많다. 영어에 대한 부담이 있다면, 번역기를 이용하면 웬만한 문장들은 어렵지 않게 옮길 수 있기 때문에 주저할 이유가 없었다. 또한, 부당한 대우나 부정적 업무 환경에서 몇 달 참고 일한다고 끝나는 것이 아니다. 오히려 문제를 더 키울 수 있다. 더욱 중요한 것은 자신의 기억은 평생 남는다는 것이다. 어떤 기억으로 남게 할 것인지는 본인의 선택에 좌우된다.

워킹홀리데이로 보내는 2년 동안 다양한 사람과 다양한 상황들을 경험했다. 몇 달 동안 일하고서도 급여를 받지 못한 채 한국으로 돌아가는 사람, 비자 및 개인정보를 도용당하여 억울하게 사기에 연루된 사람, 도움을 주겠다는 사람으로부터 오히려 피해를 입은 사람들이 대표적이다. 한국에서라면 만날 일이 없었을 사람들을 호주에서 알게 되고, 타국이기 때문에 의지하고 싶은 마음을 악용 당하는 것이다. 작정하고 속이려는 사람이 나쁜 것이지 당하는 사람이 잘못된 것이 아니다. 다만, 해외에서 생활을 하다 보면 자신을 지키기 위해서는 더 많은 노력과 신중함이 필요하다는 것을 깨닫게 된다. 그렇게 외국인 노동자로서의 생활과 인간 사회에 대해 이전보다 더 깊이 생각하는 시간을 보내며 두 번째 워킹홀리데이도 끝이 났다.

4

대학원 유학,
무식한 도전의 시작

,

"우리에게 뭔가 시도할 용기가 없다면

삶이 도대체 무슨 의미가 있겠니?"

빈센트 빈 고흐, 「반 고흐, 영혼의 편지」

10대 때는 사회를 모른다는 이유로 두려움이 앞서고, 20대 때는 사회를 어설프게 알아서 세상에 맞서기를 두려워하고, 30대 때는 가정과 고려해야 할 것들이 많아서 주저한다. 그렇게 시간은 흘러가고, 40대가 되면 '이제 너무 늦었다'며 포기한다. 하지만 최적의 시기는 달리 있는 것이 아니라, 시도해 보겠다고 마음 먹는 바로 그 순간이다. 도전을 하기에 늦은 때란 없다는 말이다. "살아 있는 날 중에 오늘이 가장 젊은 날"이라고 하지 않는가. 그러니 지금이 도전하기에 가장 좋은 때라고 생각해도 좋다.

스페인 철학사 발타자르 그라시안은 "유리하다고 생각되면 과감히 전

진하라. 행운은 용기 있는 자를 열정적으로 사랑한다."고 말했다. 해외에서 만난 사람들 중에는 나이와 상관 없이 새로운 언어를 배우거나 해외 취업에 성공한 사람들도 많았다. 그들의 공통점은 '완벽하지 않아도 시작했다'는 것이다. 영어가 서툴러도, 문화가 낯설어도, 나이가 많아도 도전하는 용기만 있으면 어디로든 통하는 길은 하나쯤 있다. 우리가 스스로에게 씌우는 한계는 두려움에서 비롯된 허상일 수도 있다. 10대의 순수한 호기심, 20대의 패기, 30대의 신중함, 40대의 경험과 지혜 등 각 연령대마다 고유한 장점이 있고, 그 장점을 살려 도전할 수 있는 방법이 분명히 존재한다. 중요한 것은 나이가 아니라 '시작하겠다'고 결단하는 것이다.

워킹홀리데이를 하면서도 두 달 이상 한국에 나와 취업컨설팅과 강의를 이어갔다. 고등학생들과 대학생들을 주로 상담하며, 청춘으로서 그들이 도전할 수 있는 새로운 일들을 시도해 보기를 권장했다. 워킹홀리데이뿐만 아니라, 해외 봉사활동이나 유학 어떤 것이든 혼자이기에 더 가벼운 마음으로 할 수 있는 일들을 도전해 보라고 말이다.

지금이 아니면 또 언제?

워킹홀리데이 세컨드 비자가 끝날 즈음, 나는 호주 대학원 진학이라는 새로운 도전을 계획했다. 어린 시절부터 미국 유학을 꿈꿔왔지만, 그야말로 해외 유학은 닿을 수 없을지도 모를 '꿈'이라고만 생각했다. 그러나 눈앞에 유학의 기회가 왔다. 호주에서 생활을 해보니 적응하는 데 어렵지 않을 것이라 생각하여 "지금이 아니면 또 언제 해외에서 오랫동안 생활해 보겠는가." 하는 마음으로 유학의 기회까지 잡아보기로 했다.

역시나 시작이라는 결단이 어려울 뿐, 일단 시작을 하면 관성의 법칙으로 조금씩 앞으로 나아가게 된다. 브리즈번에서 공장 일을 하며 대학교 정보를 찾아보니, 경력과 연결되는 인적자원관리(HRM: Human Resource Management) 전공으로 유명한 대학이 있다는 것을 알게 되었다. 다음 단계는 무엇을 해야 할까? 호주에 와서 처음으로 학업을 위한 영어 공부를 시작하기로 했다.

호주 대학원은 대부분 입학기준이 아이엘츠 평균 6.5점 이상이지만, 호주 대학에서 운영하는 프렙(Preparation) 과정을 거치는 경우, 아이엘츠 5.5점에서부터 시작할 수 있다. 앞에서도 얘기하였듯이 나의 영어 실력은 토익 200점 대로 실력이라고 말할 수도 없었다. 호주에서 지낸 시간 동안 일상 영어는 조금 늘었을지 몰라도, 아카데믹 영어를 공부한 적이 없었기에 나의 진짜 실력을 알아보는 것이 먼저였다. 그래서 브리즈번 소재 영어 학원에 등록하여 입학 영어 테스트를 받았다. 그리고 참담한 영어 점수를 확인하게 되었다. 결과는 아이엘츠 9점 만점에 평균 3점대…. 토익으로 보자면 300점대 수준이다. 그동안 사람들과 소통하는 데 큰 어려움이 없었고, 영어 스피킹 실력이 향상되었다고 생각했기 때문에 3점이라는 결과에 대해 적잖은 충격을 받았다. 그래도 십여 년 전에 받았던 토익 200점대의 점수보다 향상되었으니 다행이라고 해야 할까….

그러나 현실적으로 생각해 보니 받을만한 점수이기도 했다. 사실 호주에서 생활을 하고 있을 뿐, 주로 대화하던 사람들은 농장이나 공장에서 만난 비영어권 출신의 외국인 노동자들이었다. 원어민 수준의 영어를 구사하는 이가 없었고, 틀린 문장을 고쳐주는 경우도 없었다. 비슷한 영어 수준의 사람들, 그리고 익숙하고 친해진 사람들은 눈치만 봐도 무엇을 원하는지 알 수 있다. 그러다 보니 언어의 한계를 느끼지 못하고, 오히려 영어 실력이 좋아졌다고 착각하고 있었던 것이다.

결과적으로 적나라한 시험 결과를 받아보니 대학원을 진학할 수 있을지, 계획을 바꿔 한국으로 돌아가야 하는 것은 아닌지 고민이 되기도 했다. 그러나, 지금 발을 돌린다면 다시 유학이라는 큰 결정을 내리지 못할 것을 알기에 이왕 빼어든 칼로 무라도 자르자고 생각했다. 결국 어학원 과정부터 프렙 코스를 거쳐 1년 넘는 시간 동안 조금씩 영어 실력을 향상하며 대학원에 진학했다.

5

해외 유학의 로망과 현실

,

"아무 다짐도 하지 않기로 해요

우리 이번 봄에는 비장해지지 않기로 해요

처음도 아니잖아요

겨울이 와도 우리가 무엇을 이루었는지 돌아보지 않기로 해요

봄을 반성하지 않기로 해요"

유병록, 「아무 다짐도 하지 않기로 해요」

캠퍼스 로망을 가슴에 품고 대학원 HRM 전공 입학식에 참여했다. 입학처의 수강 가이드를 들으니 진짜 유학생이 된 기분이 들었다. 총 4학기 중 첫 학기 커리큘럼을 살펴보았고, 전공 과목과 마케팅 과목이 눈에 들어와 망설임 없이 신청했다. 그리고 신입생 환영회 주간에는 다양한 학과의 학생들과 교류할 수 있는 단체 조정 경기와 파티에도 참여하면서 캠퍼스의 낭만을 즐겼다.

그러나 그것은 2주 차까지만 유효했다. 대학교 졸업 후 오랜만에 다시 느껴보는 학교 생활이지만, 대학원 2년 과정을 보내기에는 캠퍼스의 낭만을 누릴 여유가 없었다. 3주 차부터 본격적으로 시작된 과제에 대한 압박으로 한 주 한 주 긴장하며 보내야 했다. 기대를 하며 참석한 첫 전공 수업에서부터 나의 대학원 과정은 평탄하지 않을 것을 예상할 수 있었다. 대학원 수업답게 영어 수준이 높은 외국인 유학생들도 많았고, 교수진의 국적도 다양했다. 특히 인도 교수님의 발음은 적응하기가 어려워서 한동안 수업 내용을 이해하기도 벅찼다. 더욱이 커리큘럼을 보고 흥미로울 것 같아서 신청했던 과목들이 모두 심화 과정이었다는 것을 알게 되었을 때, 첫 학기를 어떻게 보내야 할지 난감하기만 했다.

총 12주 차 과정은 중반과 후반에 리포트 과제와 발표 과제가 많았고, 각 과목별 팀 과제를 수행하기 위해 매주 그룹 미팅이 있었다. 눈 깜빡할 사이에 시간이 지나간다는 말이 실감날 정도로 첫 학기를 바쁘게 보냈다. 그중 첫 팀 발표 과제가 있던 과목에서 학생들은 이미 이전 학기에서 실력을 확인한 친구들로 팀을 구성하기에 바빴고, 나는 마땅한 팀을 찾지 못한 채 주위를 둘러보고 있었다. 마침 교수님이 인원 수를 확인하며 인원이 부족한 팀으로 합류하길 권했고, 총 6명 정원 중 한 명이 부족했던 중국인 유학생들 팀에 함께하게 되었다. 팀원들은 한두 학기씩 나보다 앞서 있었지만, 영어 커뮤니케이션은 편하지 않았는지 과제 미팅을 할 때면 중국어로 이야기하는 때가 많았다. 사실상 중국인 팀과 외부 유학생 1인으로 개별 과제를 하듯이 각자의 몫만 잘 해내자 얘기하며 발표를 준비할 수 밖에 없었다. 주제는 효율적인 인적자원관리와 관련된 사례를 찾아 벤치마킹 포인트와 개선점 등에 대해 설명하는 것이었다. 자료를 조사하고 나의 파트에 맞는 대본을 만들어 며칠 동안 암기했다.

프레젠테이션 평가 당일, 총 8그룹이 발표하는 동안 영어권 출신 학생들도 긴장해서 발표를 못하는 경우가 있었고, 비영어권 유학생들 중에서도 친차하고 꼼꼼하게 발표를 마무리하는 사람들이 있었다. 우리 팀의 발표가 시작되었을 때, 전반부를 맡은 팀원들은 준비해 온 자료에서 눈을 떼지 못하고 긴장한 모습이 역력했다. 각자 맡은 파트가 있었기에 도와줄 수 없는 상황이었고, 나의 몫이라도 잘 해내야 한다는 생각이 들었다.

다행인 것은 나는 사람들 앞에서 이야기하는 것에 긴장감이 크지 않다는 것이다. 그리고 며칠 동안 반복해서 외웠던 자료들이 자연스럽게 연결될 정도로 편하게 나왔기 때문에 부담감이 없었다. 자신감 있게 발표를 마쳤고, 교수님은 학생들 앞에서 나의 발표 자세를 칭찬하며 "제시카처럼 발표를 명료하면서도 편안하게 하는 것이 중요하다. 서로 소통하고 이해하는 것이 필요하다."라고 말했다. 그동안의 노력이 그 한 마디로 보상이 된 것 같았다. 그러나 팀 과제는 1명의 결과로만 평가되는 것이 아니기에 최종 점수는 만족할 수준이 아니었다. 그렇지만, 첫 학기의 첫 영어 발표를 원만하게 마무리할 수 있었던 것만으로도 큰 결실이었고, 앞으로 잘 할 수 있다는 희망의 씨앗이었다.

한 학기를 경험한 덕분에 2학기부터는 수업도 조금 더 편하게 들을 수 있었고, 팀 과제도 1학기 때 알게 된 학생들과 호주, 독일, 대만 등 다양한 국적으로 이뤄진 팀에서 제안하여 함께할 수 있었다. 소통하는 것에 있어서도 영어 능력들이 우수하여 발음과 문법 등 많은 면에서 보고 배울 수 있었고, HR 전공 지식 측면에서도 한두 학기를 앞선 친구들이었기에 실력 향상에 도움이 많이 되었다. 덕분에 수업도 재미있게 들을 수 있었고, 성적도 조금씩 높아지면서 앞으로의 성장과 미래에 대한 기대감이 더욱 높아졌다.

그러나 큰 기대 뒤에 큰 실망이 찾아온다. 3학기가 되자 영어 실력에 정체기가 온 듯했다. 함께하는 친구들은 원어민 수준의 영어 실력으로 훌륭한 반면, 나는 일정 수준에서 향상되지 않는 것 같아서 자괴감이 들었다. 게다가 과제는 점점 더 어려워지고, 같은 과제를 해도 영어 우수자들의 능력을 따라잡을 수가 없었다. 그래서 학업 성적을 잘 받을 수 있도록 발표 과세가 있는 수업들로 수강 신정을 했다. 하지만 그것이 전략적 선택이 아니라 큰 실수였다는 것을 뒤늦게 알았다.

학업과 공장 일을 병행하면서 쉼 없이 달려온 탓에 몸과 마음은 지쳐

41

갔다. 늘 하던 대로 며칠 동안 자료를 보아도 예전처럼 잘 새겨지지 않고 계속 헛돌았다. 시간대비 효율이 낮은 투자를 하고 있는 느낌이 들었다. 그럼에도 맡은 역할은 수행해야 하기에 기존보다 두 배의 시간을 들여 과제를 준비했다. 그리고 정신없이 학업에 허우적대던 상황에서 친할머니의 부고 소식을 듣게 되었다. 순간 머리 속이 깜깜해졌다. 부모님이 이혼하신 후 초등학교 때부터 고등학교 때까지 친할머니 댁에서 자랐다. "어른이 되면, 성공을 하면, 다음에 꼭 좋은 것을 해드려야지"라고 다짐했지만, 더 이상의 다음이 없어져버렸다.

무엇을 위해 열심히 살아왔을까?

그날 밤, 나는 열심히 살아온 시간에 대한 허무함과 유학 중인 현실에 대한 좌절감이 뒤섞여 내면에서 거대한 폭풍이 휘몰아쳤다. 후회, 자책, 미안함, 슬픔, 괴로움의 온갖 감정에 휩싸인 채 비통한 마음으로 밤을 지새웠다. 아무리 힘들어도 아침은 다시 왔고, 시험 기간에 해내야 할 일들이 많은 상황에서 감정만 붙들고 있을 수는 없었다. 그리고 다른 사람들에게 피해를 주며 팀 과제를 뒤로하고 한국으로 돌아갈 수도 없었다. 그저 눈앞에 있는 일을 묵묵히 해내야만 했다.

남은 팀 발표 과제는 3건이었다. 그러나 며칠 동안 준비했던 내용들은 머리 속이 비워진 듯, 하나도 기억나지 않았다. 처음으로 발표를 하는 중에 당황하는 나를 발견했고, 서둘러 손에 쥔 미니 카드를 보며 발표를 이어갔지만, 그것마저도 제대로 읽지 못한 채 나의 파트를 망치고 말았다. 팀원들은 갑작스러운 나의 이상 행동에 당황해 했지만, 내가 망쳐버린 몫까지 되살리기 위해 애를 썼다. 그 모습을 지켜보는 나의 마음은 한 번 더 무너져버렸다. 그들에게 할 수 있는 말은 오직 하나 "미안하다"뿐, 죄인의 마음으로 3학기가 끝날 때까지 고개를 들지 못했다.

　점점 좋아지고 있고 잘하고 있다고 믿었던 상황에서 무너져 버리니, 나 자신에게 배신감 마저 들었다. 성급한 기대와 희망을 가진 것, 스스로를 너무 믿고 자만한 것, 그리고 정신을 절제하고 관리하지 못한 것 등 모두 나의 잘못이었다. 그렇게 마음에 큰 짐을 안은 채, 3학기가 끝나자마자 한국으로 돌아와 할머니 묘소를 찾아가 마지막 인사를 드렸다. 비워낼 수 없는 마음의 짐을 안은 채.

　누구에게도 내색하지 않고 방학 동안 무너진 마음을 회복시키기 위해 노력했다. 나에게 동기부여를 해주는 사람들을 만나서 기운을 얻고, 본업인 취업컨설팅과 강의를 통해 사람들에게 경험을 나누었다. 3개월의 시간 동안 침체되어 있던 마음이 다시 회복되는 것을 느꼈고, 호주로 복귀하여 마지막 학기를 수강했다. 이전의 실수를 만회하기 위해 더 악착같이 공부하고, 팀 과제에 적극적으로 참여하며 대학원 과정 중에 가장 팀워크가 좋았던 학기, 그리고 친구들을 남길 수 있었다.

지금 돌아보니 3학기를 보내던 그 시점이 나의 첫 번째 정신적 위기였다. 마음이 약해진 순간 부정적인 생각과 고통을 주는 상황들은 그 사이를 비집고 들어온다는 것을 알게 된 시점.

6

대학원 졸업 그리고 코로나19

,

"하늘이 장차 이 사람에게 큰 일을 맡기려 하면

반드시 먼저 그가 마음의 뜻을 세우기까지 괴로움을 주고,

그 육신을 피곤케 하며 그 몸을 굶주리게 하고 그 몸을 궁핍하게 한다.

그가 하려는 바를 힘들게 하고 어지럽게 하는 것은

마음을 쓰는 중에도 흔들리지 않을 참된 성품을 기르고,

불가능하다던 일도 능히 해낼 수 있도록 키우기 위함이다."

맹자

호주는 대학원을 졸업하면 2년 동안 체류할 수 있는 비자를 신청할 수 있다. 그동안 대학원에서 배운 지식과 경력을 활용하여 현지에서 HR관련 업무들 경험을 해보자는 생각으로 호주에 남기로 했다. 졸업 후, 두 달간 여행과 휴식 시간을 보낸 뒤, 호주 잡포털 사이트 'Seek.com'을 통해 일자리를 찾아 보았다. 아웃소싱 업체 여러 곳에 '채용지원 담당사

(Recruitment Resourcer)'로 지원했는데, 채용컨설턴트로 지원하기에
는 원어민 수준 영어 실력이 아니었기 때문에 서포터 역할을 할 수 있는
직무를 선택했다.

입사지원 했으면 '합격' or '불합격' 답을 주세요

호주는 온라인 입사지원을 하면 대부분의 회사들이 이메일 또는 문자
로 합격 여부를 알려준다. 설사 불합격에 대한 회신을 받더라도 깔끔하
게 마무리할 수 있기 때문에 지원한 회사에 대한 부정적인 마음이 생기
지 않는다.

이와 달리 한국의 경우, 많은 기업들이 입사지원을 받아도 결과에 대
한 회신은 '합격'에 한해서만 제공한다. 그래서 지원자들은 불합격 사유
도 알지 못한 채 가슴 졸이며 기다리는 경우가 많다. 드물게 몇몇 기업의
경우, 불합격에 대해서도 회신을 해주는 경우도 있지만, 나는 이것을 모
든 기업들이 적용해야 할 기본 에티켓이라고 생각한다. 그것은 기업에
지원하기 위해 시간과 노력을 들인 지원자에 대한 최소한의 배려이기도
하다. 취업컨설팅을 하다 보면 구직자들이 자주 토로하는 부분이 바로
결과 회신에 대한 내용이다. 지원한지 한 달이 지나도 연락을 받지 못했
다는 경우도 있고, 그 이상의 경우도 있었다. 기업의 작은 배려가 지원자
에게 기업에 대한 긍정적인 이미지를 심어 줄 수 있다.

나는 호주 기업들의 빠른 회신에 감사해 하며, 아웃소싱 업체에서 사무직 근무를 할 것에 대한 기대가 생겼다. 그러나 단기체류 워킹비자로 인해 채용에 대해 긍정적인 회신을 주는 곳이 드물었다. 그럼에도 회신을 주었기에 불합격 이유와 보완점을 알게 되어 감사한 마음이 들었다. 비자는 내가 어찌할 수 없는 부분이기에 단기라도 일을 할 수 있는 곳과 인력이 부족한 지역을 찾아서 지원했다. 그러던 중 2~3주 전에 지원했던 기업 두 곳에서 서류 검토 결과로 긍정적인 회신을 주었다. 잡서처와 리소서 직무를 채용할 것이며, 한 달 이내로 면접이 있을 것이라는 기쁜 소식을 전했다. 역시 '두드려라 열릴 것이다.'라는 말이 맞았다.

보통 호주에서 입사지원 후 채용이 확정되기까지는 한 달 이상이 소요된다. 서류 검토 후 면접 일정 확정을 하는 것이 2~3주 이내로 결정되고, 면접 후 합격 통보까지 추가 1~2주가 소요되며, 기업의 규모에 따라서 3개월 이상 소요되는 경우도 있다. 나는 취업까지 한 달 정도 기간을 예상했고, 직무와 관련된 면접 질문과 답변을 차근히 준비하며 그동안 노력했던 시간들이 결실을 맺는 날이 머지않았다고 생각했다.

모두의 위기 코로나19

졸업 전부터 코로나19가 확산되고 있었지만, 졸업 후부터 위험 단계가 격상하면서 채용 시장이 얼어붙기 시작했다. 전염성이 높은 감기 정도로만 생각했기 때문에 취업을 하지 못하는 상황은 예상도 하지 못했다. 설마 하는 생각으로 기다렸지만, 면접 일정을 추후 알려주겠다던 아웃소싱 업체는 채용을 무기한 보류한다는 회신을 주었다. 그래도 한두 달 뒤면 괜찮아질 것이라 긍정적 기대를 하고 있었지만, 몇 달 뒤 호주는 국경 봉쇄령을 내릴 정도로 상황이 악화되었다.

호주는 섬나라로 국내에서 전염병이 확산되는 경우, 많은 인명 피해가 발생할 수 있기 때문에 조기 봉쇄라는 극단적인 대응을 한 것이다. 실제로 코로나19가 확산되면서 감염자와 사망자 수가 증가하였고, 격리조치되는 인원이 늘어나면서 단 몇 달 사이 기업들이 구조조정을 하고 기존 직원들을 해고하는 상황이 되었다. 이제는 신규 채용은 기약할 수 없게 된 것이다. 국경 봉쇄로 항공기 운항이 중단되면서 브리즈번에 있던 한국 항공사는 지점을 폐업하였고, 많은 기업들이 임시 휴업 또는 영업 제한을 겪었다. 오직 의료 및 생필품, 식음료 관련한 생계 필수 업종들은 더 바빠졌다.

누구도 예상하지 못한 전 세계적 위기 상황에 나 역시도 어찌할 방법이 없었다. 몇 달만 더 기다려보자는 생각으로 오가닉 푸드 공장에서 계속 근무했다. 외출 제한과 사재기가 심각해지면서 식품 생산량이 배가 되었다. 그래서 평일 새벽 6시부터 오후 2시까지 풀타임 근무 후 주말까지 주 6일을 근무하는 날이 많았다. 점점 더 많은 사람들이 일자리를 잃어갔고, 시기적으로 여행이나 모임도 하기 어려웠기 때문에 나 역시 공장과 집을 오가며 폐쇄적인 생활을 이어갔다. 그렇게 하다 보니 어느덧 6개월이 지났다. 2년의 워킹비자로 공장에서 계속 근무를 하는 것이 가치가 있을지 고민이 되는 시점이었다. 그때 호주 정부는 점점 더 위생과 안전에 대한 강경 정책을 시행했고, 백신을 맞지 않은 사람들에 대한 업무 제한과 출입국 금지를 실시할 것이라는 공표했다. 그 당시 백신으로 인한 부작용 사례들이 증가하고 있는데다 마스크와 휴지 품귀 현상으로 공포 분위기가 확산되고 있었었기에 호주에 잔류할 것인지 떠날 것인지 결단을 내려야 했다.

비자 유효 기간이 1년여가 남은 시점, 이런 형국이라면 호주 아웃소싱 업체로의 취업 기회는 기약이 없었다. 봉쇄가 해제되고 기업들이 회복하려면 적어도 1년 이상은 있어야 하기에 더 이상 남아 있을 이유가 없다고 판단했다. 그래서 출국편이 중단되기 전 호주를 떠나기로 했다. 한국으로 돌아가는 비행기 안에서 워킹홀리데이와 대학원까지 보낸 시간들이 주마등처럼 스쳐 지나갔다. 마치 몇 주 동안 해외여행을 한 것처럼 큰 감흥도 없이 짧게만 느껴졌다. 그리고 도착한 인천 공항은 이전과 달라진 공기와 분위기가 엄습했다. 활기 없는 정적 속에서 사람들은 검사를 받기 위해 세계적인 이름난 K방역 시스템을 따라 이동했고, 2주간 머물 격리 숙소에 내려졌다.

"한국 귀국이 이렇게 적막하고 삭막한 적이 있었던가" 혼자 숙소에 머물며 다시 한번 지난 시간을 되돌아보고 앞으로의 일을 그려 봤지만, 명쾌한 답이 떠오르지 않았다. 호주보다 체계적이고 안전한 느낌이었지만, 한국 역시 활동제한으로 강의와 상담이 쉽지 않은 상황이었다. 그래서 니는 백신을 접종을 보류하고 일자리를 찾는 대신 고향으로 돌아가 재충전의 시간을 보내기로 했다.

과연 나의 해외 생활은 유의미한 시간이었을까?

내가 영어 공부를 더 열심히 했다면, 프렙 과정으로 시간을 허비하지 않았다면, 대학원 졸업 후 곧바로 취업을 준비했다면… 결과는 어땠을까?

내가 경쟁력 있었다면 기업에서도 이유를 불문하고 나를 채용하지 않았을까?

전염병은 나로부터 비롯된 것이 아니지만, 암담한 현실에 대한 원인을 모두 나에게 돌렸고 생각의 생각을 거듭하며 자괴감과 좌절감에 사로잡히게 되었다. 애덤 스미스는 『도덕감정론』에서 "모르는 사람 수만 명이 죽었다는 사실보다 내 새끼손가락 하나가 없어진다는 사실에 더 크게 상심하는 것이 인간"이라고 지적했다. 심신이 지친 상황이 되고 보니 다른 사람의 커다란 불행보다 내 손톱 밑의 가시가 더 아프게 느껴졌다. 전세계에서 사망자가 속출하고 코로나19 전염병으로 인한 후유증으로 고통받는 사람들 속에서 나는 나의 번아웃이 더 허망했고, 고통스러웠다. 그런 나 자신을 보면서 누군가를 돕고 싶다는 마음을 가졌던 적이 있었다는 것도 진실이라 믿을 수 없었다.

타인의 슬픔을 위로하고 누군가의 관심과 배려를 기대하기는 어려운 시기. 나는 그 시기를 잘 살아내지 못하고 번아웃의 동굴로 들어가서 숨어버렸다.

7

정신 노동 시대의 감기,
번아웃

,

"이 시대에 태어난 것에 감사하면서도

이 시대에 살아가는 것에 버거움을 느낀다.

빠른 변화와 무한한 기회는 성장의 동력이 되지만,

동시에 번아웃과 불안을 몰고 오기도 한다.

우리는 빛과 그림자가 함께 있는 시대에 살고 있다."

김현주(웰씨킴)

나는 조선시대에 태어났으면 어떻게 살았을까 상상해 볼 때가 있다.

신분제도가 있는 세상에서 노비나 백정으로 태어났다면, 과연 순응하고 살았을까?

양반으로 태어났다면, 낮은 계급의 사람들을 동등한 인간이라 존중하며 살았을까?

보고 배울 수 있는 권리조차 제한된 세상에서 지금의 생각과 성격을 그대로 갖고 태어난다면, 저항을 하다 맞아 죽지는 않았을까?

그런 생각을 하다 보면 현시대에 살고 있는 것에 감사할 따름이다. 청정한 자연 환경은 과거만큼 좋은 때가 없을지라도 삶의 질과 편리성은 지금이 가장 살기 좋은 세상이라는 것은 부정할 수 없다. 특히 근로 환경을 본다면, 100년 전과 현시대는 비교할 수 없을 정도로 일하기 좋은 환경이라고 할 수 있다. 이렇게 좋은 세상에서 왜 불평과 불만이 생기고, 번아웃을 겪게 되는 것일까?

『이토록 멋진 휴식』에서 슈테판 아르스톨이 그 이유를 이렇게 설명한다. "지식 근로자의 하루 8시간 근무는 산업 근로자의 하루 16시간 근무에 맞먹는다."

그럴지도 모른다. 과거 먹고 살기에도 힘들었던 시대에는 번아웃이라는 말이 없었다. 육체의 힘듦이 더 컸기에 정신적으로 힘들다는 것은 배부른 소리로 치부되었다. 그러나 농업 사회와 산업화 사회를 지나 서비스 사회로 들어선 현대에는 육체보다 정신적 에너지 소모가 많아졌다. 현대인들은 빠르게 변화하는 문명에 발맞춰 적응하고 응용하는 능력이 고도화되고 있기 때문이다. 그렇게 창의성과 생산성을 향상하기 위해 정신력을 고갈시키고 있다. 즉, 근로 시간은 단축되었지만, 실질적인 노동 강도는 더 높아졌다고 할 수 있다.

육체의 이상 유무는 겉으로 보이는 상태를 통해 예측이 가능하다. 그러나, 정신의 이상 유무는 표현하지 않는 한 알아차리기가 어렵다. 비교와 경쟁이 만연한 세상, 약한 모습을 보이는 것은 도태를 의미한다고 생각되는 세상에서 누가 자신의 불안정한 상태를 알리고 싶겠는가.

세계보건기구(WHO)는 2019년 번아웃을 국제질병분류기준(ICD11)에 포함시킬 정도로 그 심각성을 인지했다. 그러나 이후 '직업 관련 증상'으로 한정 분류하였다.

그러나 안타깝게도 번아웃을 호소하는 사람들은 직장뿐 아니라, 가정, 학교 등 나양한 영역에서 나타나고 있다. 누구나 경험할 수 있는 질병으로 분류하여 관리해야 하는 이유이다. 특히 청년들의 정신적 취약함은 연일 뉴스로 보도될 정도로 심각한 상태이다. 국가건강검진은 2025년부터 20~34세 청년들의 정신건강검사(우울증 검사)를 10년 주기에서 2년 주기로 단축하였다. 그러나 우울증과 번아웃은 동일하지 않다. 현대인이 자주 호소하는 번아웃과 같은 정신적 증상들을 세부적으로 분류하여 그에 대한 처방 및 관리를 하는 것이 필요하다.

모든 것을 쏟아 내고 탈진한 상태, '번아웃(Burnout)'

번아웃은 정신력 고갈에서 비롯된 고밀도 복합 심신 파괴형 질환이다. 미국의 정신분석 전문의인 프로이넨버거(H. Freudenberger)가 1974년 처음으로 번아웃 증후군(burnout syndrome)이라는 심리학 용어를 사용했다. 그는 번아웃을 "자신의 일에 에너지를 쏟았지만 기대한 만큼의 성과나 보상이 따르지 않을 때, 정신과 육체적으로 스트레스를 받게 되면서 무기력으로 일에 대한 거부와 자기혐오에 빠지는 증상"이라고 정의했다. 번아웃은 다른 말로 '연소 증후군' 혹은 '탈진 증후군'으로도 표현되며, 자기 헌신이 강할수록 번아웃 현상에 더 노출된다. 이는 스트레스에 대항해 신체를 방어하는 호르몬인 코르티솔의 고갈로 무기력과 우울, 삶의 의미 상실까지 발생할 수 있는 정신적 아노미 증상이라고 할 수 있다.

우리는 노동의 형태가 육체에서 정신으로 바뀐 세상에 살고 있다. 과거의 기준으로 현재를 바라보면 이해할 수 없는 세상이다. 이 시대의 번아웃은 머리와 감정을 많이 써서 생긴 직업병이지만, 명확하게 규정이 어려운 정신적 질병은 산재로 인정받기도 어렵다. 새로운 세상에서 새로운 유형의 직업관련 질병의 탄생은 당연한 일이지만, 안타깝게도 그것을 대하는 사람들의 시선과 예방 및 치료 가이드는 변화의 속도를 따라가지 못하고 있다. 그래서 나의 번아웃 경험처럼 다양한 사례들을 수집하고 연구하는 작업이 필요하지만 현재로서는 개개인이 예방에 더욱 신경을 쓰고, 적절한 휴식과 마음 훈련을 통해 정신 관리하는 것이 최선이다.

지금 당신의 정신 건강은 안녕한가?

8
당신의 몸이 보내는 SOS 신호

,

"에너지가 축소되는 삶의 하강 주기가 찾아올 때

억지로 버티고 밀어붙이려 할수록

몸은 조용히 멈춤을 요청합니다.

질병이 찾아오는 것도 그 신호 중 하나입니다.

삶은 회복과 재정비가 필요하다고 말하고 있는 겁니다."

에크하르트 톨레, 「붙잡지 않는 삶」

지금 당신의 정신과 육체가 보내고 있는 간절한 신호를 놓치고 있지는 않은가?

사는 것이 바쁘다고 몸과 마음의 변화를 알아차리지 못한다면, 이내 더 큰 힘에 눌리게 된다. 나는 정신이 타들어 가는 것을 알면서도 부정했고, 그 결과 회복하기에 오랜 시간이 걸렸다. 자신의 상태를 알아차리고 변화를 수용하는 것이야 말로 번아웃 예방을 위한 첫 단계이다.

번아웃으로 인해 경험할 수 있는 증상들은 개인마다 다르지만, 크게는 정신적 증상과 신체적 증상으로 나눠볼 수 있다. 정신적 증상으로는 무기력감, 무능력감, 만성피로, 우울증, 두려움, 긴장, 걱정, 패배주의, 결핍감이 대표적이다. 특히 아침에 일어나는 것조차 버거워지고, 예전에 좋아했던 일들에 대해서도 흥미를 잃게 된다. '나는 쓸모없는 사람이야', '아무것도 제대로 할 수 없어'라는 부정적인 생각이 머릿속을 맴돈다. 심각한 경우 대인기피증과 자살 충동까지 유발한다.

신체적 증상으로는 불면증, 두통, 위경련, 구역질, 현기증, 신경통, 근육통, 갑작스러운 심장 두근거림 등이 있다. 이런 증상들은 단순한 일시적 스트레스 반응과는 다르다. 며칠이 아닌 몇 주, 몇 달에 걸쳐 지속되며, 충분한 휴식을 취해도 쉽게 회복되지 않는다.

나의 경우, 번아웃이 극에 달했던 2년 동안은 대상포진 및 피부발진, 두통, 수면 장애 등 정신적·신체적 증상들이 빈번했다. 밤새 뒤척이다 새벽 4시가 되어서야 잠이 들고, 깊은 잠을 자지 못해 항상 피로에 찌들어 있었다. 오후 2시가 되어서야 일어나는 생활이 반복됐고, 맛있는 음식을 먹고 싶다는 기본 욕구와 무언가를 하고 싶다는 생각도 들지 않았다. 수시로 병원 치료를 받았지만 약물치료도 회복에 큰 도움은 되지는 않았다. 오히려 증상이 확대되어 위축성 위염과 갑상선 수치 및 염증 수치 상승, 면역력의 급격한 저하, 스트레스 지수 심각 등을 진단받았다.

면역력이 무너지면 최전방 방어선이 무너지는 것이다

나의 담당 의사는 면역력이 무너지는 것은 더 이상 신체와 정신이 버틸 힘이 없다는 의미라고 말했다. 한마디로 몸이 최후의 통첩을 보내는 신호인 것이다. 충분한 휴식과 스트레스 요인을 해소하지 않는다면 몸이 자체 보호를 할 수 없게 된다. 그래서 극도의 스트레스 상태에서는 아무것도 하지 않는 것이 좋으며, 운동으로 땀을 흘리지도 않아야 하고, 책상에 앉아 있지도 말라고 처방한다. 스트레스는 번아웃에 있어 가장 큰 적으로 예민함이 극에 달하다 보니 신체 조직을 자체적으로 공격하면서 파괴하는 '자가면역질환'까지 초래하여 정신과 육체를 더 피폐하게 만들기 때문이다.

과연 이 처방을 실행할 수 있는 사람이 몇 명이나 될까?

열심히 사는 것이 기본값이 된 사람들에게 아무것도 열심히 하지 말고, 가만히 있으라고 한다면 그것 자체로도 다시 스트레스가 된다. 나 역시도 가만히 있는 것이 세상에서 가장 어려운 사람이었다. 그러나 몸과 마음의 힘이 없어지면 자연스럽게 아무것도 하고 싶지 않은 단계에 들어선다는 것을 알게 되었다. 그야말로 내 의지와 상관없는 상태에 빠지는 것이다. 그리고 번아웃은 단순히 '힘든 시기'가 아니라 생명을 위협할 수 있는 심각한 상태라는 것을 경험했다. 아쉽게도 이미 조기 치료와 예방

단계를 놓친 상태로 심신의 균형이 모두 무너져 버렸지만, 마지막 '골든 타임'마저 놓칠 수는 없었다.

　현명한 당신은 그 시기를 놓치지 않기를 바라며, PART 2에서는 번아웃이 심화되면서 경험하게 된 일과 그에 대한 생각들을 이야기를 시작한다.

PART 1
번아웃 리부트 가이드

❶ 번아웃은 탈진된 상태를 의미한다

자기 헌신이 강할수록 번아웃에 더 노출된다. 일에 에너지를 쏟았지만 기대한 만큼의 성과나 보상이 따르지 않을 때, 정신과 육체가 한계에 도달하면서 무기력, 일 거부감, 자기혐오 등의 증상이 나타난다.

❷ 정신적 위험 신호를 인지하라

무기력감, 무능력감, 만성피로, 우울감, 두려움, 긴장, 패배주의, 결핍감이 대표적인 정신적 증상이다. 이런 감정들이 며칠이 아닌 몇 주, 몇 달 지속된다면 단순한 스트레스가 아니다.

❸ 육체적 이상 증상을 인지하라

불면증, 두통, 위경련, 구역질, 현기증, 신경통, 근육통, 심장 두근거림 등의 신체 증상이 나타난다. 충분한 휴식을 취해도 쉽게 회복되지 않는다면 번아웃을 의심해 보아야 한다.

❹ 면역력 붕괴는 최전방 방어선이 무너진 것이다

면역력이 무너지면 이미 한계를 넘은 상황이다. 더 이상 신체와 정신이 버틸 힘이 없어 자가면역질환까지 발생할 수 있다. 이 지점 전에 반드시 알아차리고 자신을 지켜야 한다.

❺ 번아웃 골든타임을 사수하라

번아웃은 단순한 '힘든 시기'가 아닌 생명을 위협할 수 있는 심각한 상태로 이어질 수 있다. 예방과 조기 치료의 기회를 놓쳤다면, 마지막 '골든타임' 만큼은 놓치지 마라.

PART 2

번아웃 속으로
: 고립과 무기력의 시간

BURNOUT!

"홀로 있음을 연습하라.
홀로 외로이 느끼는 고독 속으로 뛰어들라.
철저히 혼자가 되어
그 고독과 벗이 되어 걸으라."

– 법정 스님

1
혼자만의 시간이 필요하다

"슬픔은 양말에 난 구멍 같다

들키고 싶지 않다"

유병록, 『아무 다짐도 하지 않기로 해요』

나의 고향은 '삼천포'다. 말로만 듣던 그 삼천포가 실제 존재한다. 고향의 정취, 고향의 추억을 떠올리면 어린시절이 그리울 때가 있다. 잠시 학창 시절로 돌아가 본다. 나는 초등학교 4학년 때부터 할머니 댁에서 살았다. 지은 지 100년 가까이 된 흙집은 만지면 벽이 부스러져 흙가루가 떨어지고, 균형이 조금씩 무너지긴 했지만 정감이 있었다. 비가 올 때면 천장에서 빗방울이 떨어져서 방안에 세숫대야를 받쳐 놓고, 추워지면 연탄불로 난방을 해서 일산화탄소가 방으로 새어 들어와 정신이 몽롱했던 날들도 여러 차례 있었다.

방바닥은 따뜻하지만 이불 위의 공기는 싸늘해서 항상 볼과 코는 빨갛게 텄던 기억, 꺼진 연탄불을 되살리기 위해 번개탄을 넣어 다시 살리느라 눈물을 뺐던 기억, 여름에는 마당 수돗가 옆에 놓인 빨간 대야에 물을 받아서 수영을 하고 평상에서 수박을 먹던 기억, 겨울에는 수돗가에 쪼그려 앉아 꽁꽁 언 세숫대야물에 연탄불로 데운 물을 조금 덜어서 찬물과 섞어 고양이 세수를 했던 기억들이 아련하다. 시간이 지나고 보니 생활의 불편함은 있었지만, 모든 것이 추억으로 남아 그립고 감사하게 느껴진다.

마음이 허전하니 고향이 생각난다

심리적 공허함이 커질수록 세상과 단절하고 싶다는 생각이 커진다. 가능한 사람이 없는 곳에서 혼자 살고 싶다는 생각과 복잡하지 않은 환경에서 조용히 지내고 싶다는 생각이 든다. 그래서 인구가 적은 고향으로 돌아가 혼자 지낼 곳을 찾아 보았다. 이전까지 집을 가져본 적도 없이 국내외에서 살다 보니 안정적인 거처를 마련하고 싶었다. 그래서 처음 알아본 곳이 고향집 근처에 있는 실구매가 5천만 원대의 구축 빌라와 아파트였다. 지방에는 1980년대부터 1990년대 지어진 구축 노후 건물들이 경매에 많이 나온다. 마침 마음에 드는 구축 아파트가 4차 입찰까지 가면서 5천만 원 이하로 매수할 기회가 생겼다. 조용한 동네의 엘리베이터가 없는 4층으로 바다 전망이 보여서 답답한 삶에도 숨통이 트일 것만 같았다. 입찰 당일 총 2명이 응찰했고, 나는 낙찰가 3,590만 원으로 최저 입찰가보다 약 500만 원 높게 응찰하여 1순위로 최종 낙찰자가 되었다. 첫 입찰 경험인데 낙찰까지 되다니, 오랜만에 성취감에 마음이 들떴다. 그리고 무료한 삶에 활기를 가져올 수 있을 것이라 기대했다.

그러나 얼마 지나지 않아, 되돌릴 수 없는 현실과 마주했다. 입찰 전 인터넷으로 경매 정보를 찾고 경매 물건 자료를 분석했었다. 집 내부는 소유주가 사정상 보여줄 수 없다고 하여 사진으로만 확인하고 건물 주변만 둘러보았다. 사진상으로 방과 거실, 주방 등 큰 하자는 없어 보였고, 간단하게 벽지 재도배와 청소만 끝마쳐도 될 것 같았다. 그러나 얼마 뒤 소유주가 이사를 간다고 하여 집 내부를 확인하러 갔을 때, 집 상태를 보고 경악을 금치 못했다.

40년 전에 지어진 콘크리트 집이 100년 전 지어진 흙집보다 더 처참하게 무너져 있었다. 안방과 거실은 누수와 곰팡이가 심해 벽이 검게 썩은 채 벽지가 흘러내린 상태였고, 천장은 형체를 알아볼 수 없을 만큼 크게 뚫려 있었다. 그리고 물건명세서에는 없었으나 베란다 불법 확장으로 샤시와 베란다 사이에 틈이 벌어져 벽돌로 중간중간 메워둔 것이 보였다. 설상가상으로 아래층에서는 누수피해를 입었다며 보상을 요구하는 상황이라 섣불리 매수를 할 수 없었다.

결국 혼자 지낼 집 마련은 수포로 돌아가고, 낙찰 금액 납기일 전 입찰 보증금을 포기하고 낙찰을 무효화했다. 그때 나는 수백만 원의 돈을 잃은 것보다 더 큰 슬픔이 밀려왔다. 채무자가 열악한 환경에서 딸아이와 함께 살았을 것을 생각하니 마음이 아프고 안타까웠다. 돌아가신 할머니가 떠올라 더욱 감정이 이입되었던 것이기도 하다. 지나고 나서 못해준 것을 후회한다고 바뀔 수 있는 것은 없지만, 납부한 입찰 보증금으로 그 모녀에게 조금이나마 도움이 되기를 바라며 첫 집을 떠나보냈다.

조용히 혼자 살 집을 찾기가 이렇게 어려운 것일까. 그 후 상처가 될 수 있는 경매 대신 촌집 매매를 알아보았다. 사람들의 발길과 눈길이 닿지 않는 인구 소멸 지역, 경북 안동과 영천 등 외진 시골집을 찾아보았다. 불편함을 감수하더라도 다시 촌집으로 돌아가고 싶었다. 육체와 정신이 피로한 만큼 꿈 많고 순수했던 시절이 그리워서일지도 모른다. 홀로 촌집에서 사는 상상도 했다. 마당에는 채소나 닭을 키우고, 장작을 패서 아궁이에 불을 때며 아날로그 방식으로 사는 것이다. 5천 만원 이하의 집을 찾다 보니 지상권 촌집을 알게 되었다. 땅에 대한 권리는 없지만, 건물에 대한 권리를 가지고 있는 것이다. 직접 집 내부를 확인하기 위해 6시간을 운전하여 경북 안동으로 갔다. 중개인은 지상권 성립이 30년 정도라고 하지만, 대부분의 지상권 촌집들은 이미 70년이 넘게 계약을 이어오고 있으니 철거 걱정 없이 살 수 있다고 했다. 그리고 반은 벽돌 반은 황토로 지어진 집을 소개하며 계약을 하게 된다면 2,500만 원까지 거래 가격을 낮춰줄 수 있다는 달콤한 제안도 했다. 주변의 다른 촌집들을 소개해주며 1천만 원대로 구매 가능하다고 했지만, 곧 허물어질 것 같은 수준의 집들이었다.

생각해보겠다고 하고 집으로 돌아와 찾아보니 무 등기 지상권이라고 해도 토지주가 건물 소유주를 내보내기 위해서는 건물 시세에 응하는 보상을 해줘야 한다는 사례들이 있었다. 그리고, 재산세를 납부하지 않고 살 수 있기 때문에 1가구 2주택 이상에 대한 세금 부분도 절약되는 이점이 있었다. 추후에 매도를 하더라도 소개받은 부동산에서 다시 매매를 도와주기 때문에 몇 년 살아 보고, 매수 가격과 비슷한 가격으로 매도하면 될 것 같았다. 다만, 지상권 주택의 경우, 리모델링을 하더라도 기존 매수 시세 보다 더 높게 매도하기는 어렵다. 즉, 자신이 거주할 목적으로 사는 것에는 지장이 없으나 투자 목적으로는 부적합한 것이 지상권 촌집이었다. 가격적인 면에서 장점이 있지만, 3년 내 번아웃을 극복하고 다시 도시로 나가게 된다면 집을 매도하기 어려울 수 있다는 결론으로 지상권 촌집 매매는 하지 않았다. 이 과정에서 나는 지극히 현실적인 사람이라는 것을 다시금 확인할 수 있었다. 힘든 상황에서도 현실 판단을 하는 사람이 나였다.

2

번아웃의 동굴에서 마주한 나

,

"나는 '나를 넘어선 나'를
'위대한 개인'이라고 부르고 싶다.
위대한 개인이란 자신을 깊이 관찰할 때
그 모습을 드러내는 '또 다른 나'다.
위대한 개인은 항상 자신의 행복을 지향하며
그 과정에서 행복하다."

배철현, 『심연』

한국으로 돌아와 이것저것 시도해보려 했지만 마음대로 되는 것이 없고, 내 삶이지만 내가 없어진 것을 느끼면서 나는 스스로 고립을 선택했다. 피로 누적으로 인한 체력 저하와 권태감으로 사람들을 만나는 것이 힘들어졌다. 시간이 지날수록 별 것 아닌 말에도 예민하게 반응하고, 이성보다 감정적으로 사람들을 대한다는 것을 인지하면서 내 안에 일어나는 변화에 대해 신경이 쓰이기 시작했다. 점점 어두워지는 얼굴과 수척해진 모습을 보며 걱정하는 말을 해주는 것도 달갑지 않았다.

생각과 감정의 왜곡이 심해질수록 타인의 관심이 나의 마음을 다치게 했다. 무기력, 우울증, 감정조절장애, 자신감과 자존감 저하 등 다양한 증상들이 복합적으로 일어나면서, 점차 신경질적인 모습이 일상이 되었다. 집 밖을 나가는 것이 두려워졌고, 누군가와 대화를 나누는 일도 거의 없어졌다. 2주 이상 말 한마디, 소리 한 번 내지 않는 날들이 일상이 되었고, 하루 종일 천장을 보고 누워서 멍하게 있다가 잠이 들었다. 하루를 의무적으로 살아 내는 기계처럼 배가 고프면 냉동 음식을 데워 먹고, 배가 아프면 화장실을 가며 집 안에서만 생활했다. 그리고 1년여의 시간이 지나는 동안 점점 폐인의 모습이 되어 있었다.

"왜 이렇게 되었을까?"

잭 케루악의 『길 위에서』에는 "삶을 이렇게 슬프게 만들 때 신은 도대체 뭘 하고 있었던 걸까."라는 문장이 있다. 같은 맥락으로 나는 세상이 왜 나를 벼랑 끝으로 몰아 세우는지 한탄스러웠다. 그러나 '왜'에 대한 답을 찾으려 할수록 내가 할 수 있는 것이 없다는 결론만 남았다. 지나온 날들은 되돌릴 수 없고, 어떤 경우는 문제의 원인이 개인이 아니라 외부 상황에 있기도 하기 때문이다. 번아웃을 겪게 된 이유도 명료하게 정리하지 못한 채 시간만 흘렀다. 그러다 문득 십여 년 전, 에니어그램 성격 유형검사 강사 과정을 참여했을 때 들었던 '묘비명'에 대한 기억이 떠올랐다.

당신이 죽기 전에 묘비명을 쓴다면, 무엇이라고 쓰고 싶은가?

그 질문을 받기 전까지는 나는 죽음에 대해 깊이 생각해 본 적이 없었다. 단순히 죽으면 끝이라고 생각했다. 그때 예시로 들려줬던 묘비명 몇 가지가 인상 깊어서 아직도 기억나는 것들이 있다. "이렇게 갈 줄 알았으면 더 열심히 놀 것을", "오늘의 죽음을 내일로 미룰 수 있다면", "내 이럴 줄 알았어", "인생 잘 놀다 간다" 등. 각각의 묘비명마다 자신의 스토리가 담겨 있었고, 누구는 후회를, 누구는 쿨한 인사를 남겼다. 그때 나는 묘비명으로 "열정적으로 살다 간다"라고 적었다. 열정이 넘쳤던 때라 그 마음이 그대로 표현되었던 것이다. 그러나 번아웃을 겪고 있는 시기, 다시 한번 묘비명을 떠올렸을 때, 나의 답은 달라졌다. "내일이 없을 것처럼 오늘을 살자"라고 말이다. 아침에 눈을 뜨면 살아 있는 것이지만, 언제든 죽음의 문턱에 가까이 갈 수 있다는 생각으로 가득했기 때문에 내일이 필요 없었다. 그래서 새기고 싶은 묘비명이 바뀐 것이다.

한스 할터는 『죽음이 물었다, 어떻게 살 거냐고』에서는 영국의 소설가 오스카 와일드와 아인슈타인의 죽음 직전 남긴 말을 회고했다.

오스카 와일드는 고열과 뇌막염, 섬망 증세에 시달렸으며 죽음을 앞두고 침대에 누워 지난날을 회상하며 이렇게 말했다. "예전에 나는 돈이 인생에서 가장 중요한 것이라고 생각했어. 그런데 돌이켜보니 새삼 깨달았지 뭐야, 그것이 진리였음을. 나는 내 처지를 넘어 분에 넘치게 죽음을 맞이하네."

물질적인 것을 따르지 말라는 이상적인 말 대신, 지극히 현실적인 이야기를 남기고 간 것이다. 자신의 일을 통해 얻은 성공과 명예, 그리고 물질적인 풍요로움까지 영위하고 가는 인생, 누구나 바라는 마지막이 아닐까.

반면 아인슈타인은 "내가 할 일은 다 한 것 같다"라는 마지막 말을 남겼다. 그 말 속에 나의 지난 시간을 흘려 보냈다. 하고 싶은 일과 해야 할 일을 다 했을 때의 후련함은 누구나 한 번쯤 경험해 본 적이 있을 것이다. 그러나 긴 인생의 끝에서 삶의 전반을 돌아보며 후련하게 살다 간다라고 말할 수 있는 사람이 얼마나 될까?

나는 오스카 와일드의 현실적인 풍요로운 삶과 아인슈타인의 소명을 다하는 삶, 두 가지 모두를 추구했으나 두 가지 모두 실패했다는 생각이 들었다. 그렇지만, 그들과 내가 다른 한 가지는 나는 아직 살아 있다는 점이다. 죽음이 아닌 삶을 선택한다면, 나의 마지막 날도 얼마든지 바꿔 볼 수 있을 것이라는 생각이 들었다.

그렇게 1년 이상 고립의 시간 동안 생각의 꼬리잡기를 통해 내가 다다른 곳은 '다시 살아보기'였다. 이전까지 내가 열심히 살았다고 한 것은 잊자. 그 열심의 방법이나 방향성이 맞지 않았을 수도 있나. 그리고 메시 100%의 정신을 쏟았다고 생각한 것이 사실은 그렇지 않았다는 것을 인정한다. 그리고 다시 일어설 수 있다면 내일이 없을 것처럼 오늘을 살며, 매일을 풍요롭고 감사하게 받아들이기로 했다. 그리고 후련하게 떠나는 것이다.

3

번아웃에 빠진 나를
지탱해 준 한 사람

,

"누군가를 변화시키겠다는 생각은

어쩌면 매우 오만한 생각일지도 모릅니다.

사람은 가르쳐 변화시키는 게 아닙니다."

김창옥, 「지금 사랑한다고 말하세요」

사람들은 힘들어하는 타인을 보면 위로와 격려를 해주고 싶어한다. 그러나 지나친 '잔소리'와 '충고'는 독이 될 수 있다. 좋은 의도로 마음을 쏟아 얘기하더라도 상대가 수용할 마음이 없다면 불필요한 말 또는 듣기 싫은 잔소리에 불과하다. 그렇기에 상대가 구하지 않은 충고나 조언, 평가와 판단은 자기 안에 담아두는 것이 좋다. 오히려 귀를 열어 상대의 이야기부터 들어보는 것이 나을 수 있다. 특히 번아웃으로 인한 무기력과 우울, 자존감 저하 등의 심리적 불안정이 높은 사람에게는 섣부른 조언과 과한 표현은 부담이 된다. 잘못하면 그것이 더욱 단단한 마음의 벽을

치게 할 수 있다.

번아웃 극복에 전문가 상담이 필요할까?

번아웃을 극복하는 방법은 여러 가지가 있겠지만, 크게는 둘 중 하나이다. 혼자만의 시간을 가짐으로써 스스로 해결해 나가는 것과 정신의학 전문가와 상담을 통해 번아웃의 요인들을 찾아 풀어내는 것이다. 나의 경우. 힘든 시기일수록 타인에게 의지하지 않으려는 경향이 있다. 그래서 나를 모르는 의사에게 나의 불안한 상태를 보여주는 대신 스스로 해결책을 찾아가는 것을 선택했다. 선택에 대한 책임을 감당할 마음이 있다면 충분히 혼자만의 시간을 통해 극복 방법을 찾아가라고 말해 주고 싶다. 그러나 이 경우에는 번아웃에 대한 지식이나 극복 과정에 대한 정보가 부족하여 회복하는 데 시행착오를 겪으며 오랜 시간을 소모할 수 있다. 반면, 사람의 온기와 관심이 필요한 경우, 정신의학 전문가의 도움을 받는 것이 더 효과적일 수 있다. 자신의 이야기를 누군가에게 함으로써 공감과 위안을 얻고, 마음의 기력을 회복하여 번아웃을 극복할 수 있다. 어떤 방법을 선택하든 극복하는 데 가장 큰 영향을 미치는 것은 바로 자기 자신이라는 점은 동일하다.

인간은 각기 다른 특성과 본성, 경험을 가지고 있다. 그러므로 동일한

병명에도 개인의 성향과 심리, 신체적 조건에 따라 처방이 달라진다. 타인의 방법이 자신에게 100% 정답일 수 없다. 나 역시도 번아웃 극복에 효과가 있다는 방법들을 이것저것 시도해 보았지만, 가장 효과가 좋았던 방법은 혼자만의 시간을 갖는 것임을 알게 되었다. 그리고 많은 사람들과 대화를 나누는 것보다 한 사람의 진중한 마음이면 충분하다는 것도.

열 마디 말보다 중요한 것은 지켜봐 주는 것이다

내게 말벗이 되어주는 사람, 나에게는 감사한 사람이자 삶을 다시 살아야겠다 생각하게 해준 은인은 바로 한 살 아래 동생이다. 대학원 유학 시절부터 조금씩 시작된 번아웃 증상을 동생은 이미 알아차렸던 것 같다. 유학 후 무기력해진 몸을 이끌고 귀국했을 때, 초췌해진 나의 모습을 보며 동생은 나의 심리적 변화를 인지했다. 그러나 자신이 알고 있는 것을 말하는 순간 내가 더 상처를 받을 것을 알았기에 내색하지 않고 멀리서 연락하며 지켜만 봤다. 매일 메신저로 대화를 걸어주고, 나의 기분과 컨디션을 살폈다. 몇 달 동안 메신저 대화가 동생밖에 없었던 때도 많을 정도로 끝까지 나를 잡아주었다. 삶에 대한 회의와 무기력이 극도로 심각했던 때에도 차마 고마운 동생의 마음만큼은 거부할 수 없었다. 언제 어디에 있던 항상 나를 생각해 주는 존재이기 때문이다.

나의 심리 상태가 더욱 불안해지던 어느 날, 동생이 조심스레 말을 건넸다.

"상담을 좀 받아보는 것이 어떨까?"

몇 년 동안 내가 겪는 정신적 변화를 지켜보고, 알아차려준 동생의 조심스러운 말에 고마우면서도 화가 났다. 믿었던 사람에게 내가 정신에 문제가 있는 사람이라고 선고를 받는 것만 같았다. 그러나 번아웃을 경험해 본 적이 없었던 동생은 내가 경험한 모든 것을 설명해도 이해하지 못했고, 단순히 우울증으로만 생각하고 있는 것 같아서 더 깊은 얘기는 하지 않았다. 그래서 나는 컨디션을 회복할 수 있도록 부정적인 생각을 자제하고 살아볼 테니 걱정 말라고 에둘러 말했다. 나의 상태를 전적으로 이해하지는 못하더라도 나를 진심으로 걱정하는 그 마음이 느껴져서 더욱 삶에 대한 의지를 붙잡으며 번아웃에서 벗어나고 싶었다. 그동안 수 많은 생각에 매몰되어 반성과 후회, 자책과 절망하던 것들을 놓아두고, 밝고 건강해진 모습을 보여주자고 다짐했다.

세상 가장 친한 사람이자 사랑하는 사람이 칠흑 같은 어둠 속에 빠져 발버둥치는 모습을 지켜보고 싶은 사람은 없다. 그리고 나를 지지해주려는 고마운 마음을 저버리고 싶은 사람도 없을 것이다. 만약 가끔 연락하는 사람에게서 이와 같은 말을 들었다면 어땠을까? "네가 뭘 알아"라며 반감이 더 들었을 것이다. 눈을 감고, 입을 꽉 다문 채로 살아가는 고립의 시기에는 여러 사람의 이야기가 들리지도 보이지도 않고, 말하고 싶지도 않아 진다. 갑작스러운 관심과 참견으로 이래라저래라 말한다고 한들 그것이 마음에 와닿을 가능성은 희박하다. 그러나 나의 안부를 진심으로 걱정하며 지켜주는 사람에게 듣는 것은 마음을 움직이게 한다. 내가 번아웃을 이겨내는 데는 지속적인 관심과 연락을 취해 준 한 사람의 힘이 컸다. 진심이 전해질 수 있는 한 사람의 마음이 필요한 것이지, 옳은 말을 하는 열 사람이 필요한 것이 아니다.

번아웃으로 정신적 고통을 토로하는 사람에게 손을 내밀고 싶다면, 일상 대화를 나누면 된다. 밥은 먹었는지, 화창한데 산책을 하는 것은 어떤지, 요즘 고민 거리가 있는지 등 가벼운 일상 이야기 속에서 감정의 변화를 읽을 수 있다. 부정적인 말이나 감정에 깊이 빠지지 않도록 중간중간 깨워주는 역할이 필요하다. 그러한 대화 속에서 어느 날인가 변화를 알아차리게 된다면, 그때가 진짜 도움을 줄 수 있는 시기이다.

4
잠시 잃어버린 친구들

,

"어린 왕자가 물었다.

'사람들은 어디 있어? 사막은 좀 외로워…'

뱀이 대답했다.

'사람들 사이에서도 외로워.'"

생텍쥐페리, 『어린왕자』

인생에서 진정한 친구, 평생 인연이라고 한다면 가족을 제외하고 몇 명이라고 할 수 있을까?

휴대폰 연락처에 수백 명, 수천 명이 등록되어 있어도 정작 자신의 이야기에 귀 기울여 줄 사람은 몇 명이나 될지 생각해 본다면 평생 인연의 수는 손에 꼽을 정도가 될 것이다. 그러나 그들마저도 언제든 떠날 수 있다. 인생에서 영원한 것은 없음을 인정한다면 인연에 대한 집착을 내려놓을 수 있을 것이다. 흘러가는 대로, 마음 맞는 대로 자연스럽게. 그 관계가 오래 지속된다면 더없이 좋고, 그렇지 않다 해도 어쩔 수 없는, 그것이 바로 친구 아닐까.

　40대를 바라보는 나이는 가정과 사회에서 역할과 책임이 더해지는 시기이다. 20대 때처럼 갑자기 연락해서 만나자고 하는 것이 실례가 될 수 있고, 자신의 감정을 주체하지 못하고 위로해 달라는 것은 민폐가 될 수 있다. 이제 세상을 알고, 자신을 알아야 할 시기인 것이다. 친구라면 각자의 속도로 각자의 목표를 향해 나아가는 길에 서로 도움이 되어주지 못하더라도 피해를 주어서는 안 된다.

　해외에서 몇 년 동안 생활하다 한국으로 돌아왔을 때, 나의 상황만 바뀌었을 뿐 다른 사람들의 상황은 그대로였다. 각자의 현실에서 충실히 하루하루를 살아내고 있었다. 한국에 와서 처음으로 한 것은 새로운 번호를 개통하고, 연락처를 정리하는 것이었다. 수백 명의 연락처 중 몇 년 동안 연락을 한 사람은 30명도 채 되지 않았다. 대부분의 연락처를 삭제하고, 20명 남짓 지인들에게만 귀국 소식을 알리며 다음에 보자는 기약 없는 약속을 했다. 보고 싶다고 연락을 했던 사람들은 대부분 20년 이상 된 지인들이기에 언제 봐도 어색하지 않고, 말없이 그냥 있어도 편하다고 생각했기에 관계 형성에 조급할 필요가 없었다. 한편으로는 그리운 사람들을 만나고 싶은 마음은 컸지만, 번아웃으로 불안정해진 모습을 보여주고 싶지는 않았다.

'사람은 변한다'

지인들의 모습과 생각들도 예전에 내가 알던 그 상태에 머물러 있지 않았고, 새로운 생각과 관점이 더해져 성장하거나 변화했다. 더욱이 해외에서 지내는 동안 서로의 생각을 밀도 있게 나누는 시간을 가지지 못했으니 그들의 변화를 한 번에 따라갈 수는 없었다. 친하다고 생각하는 사람들은 대부분 10대에서 20대를 함께하며 추억과 경험을 공유한 사람들이다. 하지만 내가 해외에서 보낸 시간동안 그들은 예전의 추억에만 머물러 있지 않았다. 자녀의 교육과 학부모 모임에 더 많은 시간을 보내고 있었고, 직장에서 역량을 인정받기 위해 경력을 개발하는 데 집중하고 있었다. 그리고 현 정치와 우리나라가 나아가야 할 방향에 대해 자신의 생각을 강하게 표현하는 사람이 되었다. 아직 미혼인 나로서는 학부모 입장의 이야기를 들어주는 것 이외에는 큰 도움이 되지 못했고, 바쁜 업무와 목표를 위해 나아가는 친구의 시간을 뺏고 싶지 않았다. 그리고 사회와 정치, 경제에 대한 깊은 논의에 함께하기에는 내 삶이 너무 버거웠다. 그래서 한동안 그들이 사는 세상에 들어가지 않기로 했다.

정신과 전문의 최명호 원장은 우정에 대해 이렇게 말했다. "사람들이 생각하는 우정은 '환상 속의 우정'으로 내가 어떤 고통과 환난이 있더라도 나를 버리지 않고 나를 지켜줄 그런 우정이 진짜 우정이라고 생각한다. 그러나 그것은 '착취자'의 모습이자 친구 관계의 최고 포식자일 뿐이다."

나 역시도 같은 생각이다. 타인에게 기대어 위로 받으려 하지 말고, 스스로 일어서야 한다. 아끼고 좋아하는 사람이라고 해서 무조건 나의 마음을 다 이해할 이유는 없다. 그들도 그들의 상황과 현실이 있지만 모든 것을 말하지 않는 것처럼, 자신의 고난은 자신이 짊어져야 한다. 서운한 마음을 앞세워 관계를 속단하지 말고, 상황과 사람을 보고 기다리면 된다. 때가 되면 돌아올 사람은 돌아온다. 번아웃이 지나 현실로 돌아온 것처럼.

친구가 예전과 같지 않다고 서운해 말라

사람은 정체되지 않기 때문에 성장할 수 있다. 비록 지금의 생각이 서로 맞지 않더라 해도 새로운 것을 배우고, 타인의 생각을 수용하며 지평을 넓혀갈 수 있다. 그렇다면 오래 함께하고 싶은 친구에게 자신의 생각을 강요할 필요도 없고, 자신의 생각을 몰라준다고 서운해할 필요도 없다. 스스로 깨닫는 사람이라면 시간이 해결해 줄 것이고, 스스로 깨닫지 못하는 사람이라면 제풀에 지쳐 멀어지게 된다. 그러니 공감대를 형성할 수 없는 이야기와 현실 상황에 괴리감을 느낀다면 서로의 시간을 가지도록 존중해 주는 것이 좋다.

독일 철학자 니체는 "혼자일 수 없다면 나아갈 수 없다"고 했다. 그는 "인간의 삶을 고통으로 정의하고, 이를 극복하기 위해 초인이 되어야 한다"며 자유와 독립성을 강조했다. 사람들은 자신의 욕망과 열정을 불태우기 위해 사회의 일원으로 살아왔고, 타인의 시선과 기대에 부응하기 위해 애써 밝은 척, 괜찮은 척하며 살고 있다. 그러나 그 의지와 노력이 바닥나면 삶에 대한 근본적인 질문과 '나'라는 존재에 대한 의구심이 생긴다. 그때가 오롯이 혼자가 될 수 있는 시간이다. 그것이 바로 번아웃의 순기능이다.

그러므로 번아웃 극복을 위해 타인에게 기대지 않기를 바란다. 그 누구도 내 안에 타고 남은 재를 털어내 줄 수 없다. 오직 나만이 해결할 수 있는 일이기에 혼자만의 시간을 가져야 한다. 비록 친구들을 잠시 잃어버릴지라도 그것이 서로의 시간을 존중해 주는 것이라고 생각하면 된다.

5

두 번의 장례식에서 깨달은 것들

,

"더 나은 뭔가를 찾아 애태우지 말고

할 수 있을 때 꼭 붙잡으라.

헛된 꿈을 꿀 시간이 없다.

아직 시간이 있다는 믿음도 헛된 꿈이다."

존 릴런드, 「만일 나에게 단 한 번의 아침이 남아 있다면」

번아웃을 겪는 3년 동안 총 2번의 장례식을 다녀왔다. 한국에 돌아온 후 번아웃 증상이 심해지면서 혼자만의 생각에 잠기며 무기력함이 가득했던 때, 20년 지기 친구의 부친상 소식을 들었다. 그 누구와도 만나고 싶지 않은 시기였지만, 그때만큼은 친구 곁에 있어 주고 싶었다. 삶이 고통스럽더라 해도 나는 현재 살아 있고, 그의 곁엔 이제 아버지가 없다. 그러니 더 힘든 것은 나보다 그 친구일 것이라 생각했다. 해외에서 짐박스가 도착하지 않아 검은 정장은 준비가 되지 않아서 일단 옷과 신발 그리고 벙거지 모자까지 검은색으로 맞춘 채 시외버스와 시내버스를 타고서 장례식장에 도착했다.

장례식장에서 가장 힘들어 보이는 사람은 '나'

오랜만에 보는 친구들, 몇 년 전 보았던 모습들보다 조금씩 더 나이가 느껴졌지만, 학창 시절의 기억이 곧 시간의 흐름도 정지시켰다. 반가운 마음도 잠시, 한 친구가 나를 보며 "저승사자가 온 줄 알았다. 왜 이렇게 어둡나"며 물었다. 표현은 안 했지만, 정곡을 찔린 듯했다. 며칠 전까지 삶과 죽음에 대해 생각했던 내면의 우울한 모습이 겉으로 드러난 것일지도 모른다고 생각했다. 그 친구의 한마디로 인해 나는 의식적으로 더 밝은 척, 괜찮은 척을 하기 시작했다. "짐이 도착하지 않아 검은색을 맞추다 보니 화장도 못하고 그냥 와서 그럴지도 모르겠다"고 둘러대면서 말이다. 유골함을 모셔두는 장소까지 모두 함께 가서 마지막 인사를 드리고 다 같이 고깃집에서 식사를 하며 이야기를 나누었다.

나의 행색이 너무 남루하게 보였던 것인지 "어디 아프냐"는 질문이 여기저기서 쏟아졌다. '내가 괜찮다고 하는데 왜 다들 안 괜찮은지를 묻는 것일까?' 마음이 더 불편했지만 애써 더 밝게 웃어 보이려고 했고, 결국에는 입가가 찢어져 피가 날 때까지 미소를 지었다. 고기를 먹는 내내 찢

어신 입술이 아팠고, 마음도 아팠다. "오지 말 걸 그랬나" 후회가 되기도 했지만, 시간이 흐를수록 다시 학창 시절로 돌아간 듯한 느낌에 잠시나마 침울함과 고통을 잊기도 했다. 힘이 되어주기 위해 온 곳에서 내가 힘을 얻고 가는 순간도 있었다. 그러나 안타깝게도 묵혀온 번아웃은 한 번에 사라지지 않았다.

그 후, 번아웃의 끝자락에 있을 즈음, 또 한 번 친구의 부친상 연락을 받게 되었다. 대학교 시절 의지하고 아끼던 친구, 그런 친구에게 힘이 되어주고 싶었다. 나는 번아웃 초기보다 밝아진 얼굴로 이제는 벙거지 모자를 쓰지 않고 사람들의 눈을 당당히 마주할 수 있는 건강해진 상태로 갈 수 있었다. 버스를 타고 가면서 비슷한 여정의 3년 전과 비교해 보니 살아 있음에 감사했고, 살아줘서 고마운 생각이 들었다. "그때 만약 검은 생각을 따라 계속 갔다면, 아마도 지금의 나는 없었겠지."

빈소 입구에서 맞이하는 친구를 보는 순간, 눈물이 왈칵 쏟아질 것만 같아서 얼굴을 돌릴 채 친구를 꽉 안아주었다. "미안하다. 나 살자고 그동안 연락도 없이 챙겨보지도 못했다. 미안해." 눈물을 참으며 건넨 나의 말에 친구는 "다들 바빠서 그렇지, 나도 그런 걸 뭐. 괜찮아."라며 미안해하는 나를 위로했다.

인연, 만나게 될 사람은 만나게 된다. 유학생활을 마치고 돌아와 사회와 단절하고 지내면서 만나지 못한 사람들이 많았다. 특히 마음은 있으나, 만남을 자제했던 사람들이 대학 친구들이다. 패기와 열정으로 '하면 된다'라는 강인한 정신력과 진취적인 모습을 보였던 그때의 나를 기억하는 친구들에게 세상을 떠나고 싶어하는 무기력한 모습을 보여줄 수는 없었다. 그래서 괜찮아질 때를 기다리며 만남을 미뤄왔었는데, 반가워야 할 재회의 시간이 장례식장이었던 것이다. 오랜만에 만난 친구는 조금만 더 이야기 하자며 손을 붙잡았고, 10여 년 만에 대학 동생도 다시 만나게 되었다. 이제 30대 후반이 되었지만, 여전히 발랄한 목소리와 귀여운 얼굴로 반갑게 인사하는 모습이 너무 예뻤다. 독립적이고 자유분방해서 모임에서 자주 보기는 어려웠지만, 경조사에는 꼭 참석하는 마음 깊은 동생이었다. 반가운 마음에 안부를 물으니, 여전히 특수학교 선생님으로서 성실하게 일하고 있으며 싱글라이프를 즐기는 등 자기만의 색으로 살고 있다는 이야기를 들었다.

"매번 울면서 얘기할 수는 없잖아"

오랜만에 대화를 나누며 부모님은 건강하신지 안부를 물었다. 잠시 뜸을 들이던 대학 동생은 "한 분 밖에 안 계신데 엄마는 건강하세요."라고 답했다. 순간 아차 싶었다. 유학 가 있던 동안 친구로부터 소식을 전해 들었지만 잊고 있었다. '네 생활에 바빠 그것도 잊고 있었구나.' 아끼는 이의 힘든 순간에 함께하지 못했다는 것에 대한 미안함과 속상함이 눈물로 맺혀버렸다. 그리고 힘든 시간을 잘 지나온 것이 대견해 보였다. "너는 힘들었던 상황을 참 덤덤하게 말하는구나. 마음이 단단한 것 같아."라고 말하니 대학 동생은 이렇게 답했다. "매번 울면서 얘기할 수는 없잖아요."

나 역시도 아주 오래전에는 그랬었다. 힘든 순간일수록 강인한 척하며 눈물 한 방울 보이지 않았다. 그러나 번아웃을 겪은 이후로는 눈물샘이 항상 열린 것 같이 눈물이 시도 때도 없이 흘렀다. 누군가 우는 모습만 보아도 눈물이 나고, 나의 고달픈 삶을 이야기하자면 또 눈물이 나고, 다른 사람이 울려고 입을 삐죽이는 모습만 봐도 나는 먼저 울었다. 당사자보다 더 슬픈 듯이.

공자는 "세 사람이 길을 가면 그중에 반드시 나의 스승이 있다. 그중 선한 자에게선 선함을 따르고, 선하지 못한 사람을 보면 나를 고치면 된다."고 했다. 사람이기에 상호작용을 통해 느끼고, 배우고 또 성장하는 것이 우리의 삶이었지만, 교류를 단절하고 살았던 몇 년 사이 나는 내 감정에 너무 연민하고 있었다는 것을 깨달았다. 그래, 몇 년 사이 나는 눈물이 과해졌다. 흘리지 않아도 될 때, 혹은 적당히 흘려도 될 때 마저도 내 감정에 취해 왈칵 눈물을 흘렸다.

나의 감정을 알아주길 바라는 마음에서였든, 스스로 고생했다 위안하려 했던 것이든, 그 시작이 무엇이었든 지금의 나는 내가 원하지 않을 만

89

큼 과한 눈물을 흘리고 있는 것이 분명했다. 대학 동생의 말을 계기로 나의 모습을 인지하게 되었고, 그것을 기점으로 고장 난 눈물의 수도꼭지를 수리하기로 했다. 평생 흘린 눈물의 양보다 최근 3년 사이에 흘린 눈물이 더 많으니 그것 만으로도 충분히 아픔과 슬픔, 고통을 흘려보냈다고 생각해도 된다. 두 번의 장례식을 통해 나는 내면의 변화와 성장을 지켜볼 수 있었고, 지금은 더 멀리서 전체를 돌아보고 있다. 그리고 이제 다시 내가 원하는 모습으로 돌아가려고 한다.

6

역경이 쏟아지는 그런 때가 있다

,

"우리가 겪는 일들은 삶이 우리에게 주는 메시지이다.

사건들은 우리에게 일어나는 것이 아니라

'우리를 위해' 일어난다.

예기치 않았던 불행은 껍질을 태워 버리는 불과 같아서

껍질 속에 가려져 있던 우리 본연의 모습을 보게 한다."

류시화, 『새는 날아가면서 뒤돌아보지 않는다』

번아웃이 시작되는 시점부터 모든 상황이 최악으로 치달으며, 40년 평생 겪어 보지 못한 일들이 1년 사이에 폭풍처럼 몰아쳤다. 흔히 삼재나 아홉수라고 하는 말처럼 피해갈 수 없는 무언가가 나를 향해 질주해 오는 것만 같았다. 첫 경매 실패로 인한 손실을 시작으로 수식 투자 실패로 마이너스 90프로의 손실을 보았다. 이사 후 며칠 만에 차량침수가 되고 면역력 붕괴로 인한 각종 질병 등 1년 사이에 많은 일이 일어났다. 그 후

유증은 번아웃이 끝나는 3년이 지나도록 이어졌고, 무언가를 하려고 할수록 더 큰 역경이 돌아오는 것 같았다. 하는 일마다 계속 실패하고, 잘 풀리지 않는 상황에서 헤어날 방법은 모르겠지만, 발버둥이라고 쳐야 한다고 생각했다.

거주지를 옮겨 생활환경에 변화를 주기 위해 새로운 터전을 찾았다. 그곳은 관악산이 보이는 서울 관악구 신림동 언덕지대에 있는 집이었다. 구축 빌라지만 리모델링이 되어 나름 깔끔하게 보였고, 인근에 신림선과 다양한 버스노선이 있어 이동이 편리한 위치였다. 다시 컨설턴트로 일을 시작하게 된다면 어디로든 편하게 다닐 수 있을 것 같아서 이사를 결정했다. 8월 초 무덥고 습한 날씨, 새로운 시작을 알리는 이사 당일, 아침 8시까지 오라고 했던 전 세입자는 임대인과 언쟁을 벌이고 있었다. 주방과 화장실에 곰팡이가 가득하여 화가 난 임대인은 전 세입자에게 청소를 하고 가라고 했지만, 싫다고 한 것이다. 상태를 보니 한 달 전 집을 확인할 때는 인지하지 못했던 곰팡이들이 화장실 바닥부터 천장, 창문까지 까맣게 뒤덮여 있었고, 변기에는 알록달록한 곰팡이들이 슬어 있었다. 급하게 전 세입자가 청소를 했지만, 묵은 곰팡이는 쉽게 지워지지 않았다.

두 시간을 기다렸지만, 해결될 것 같지 않았다. 더 이상 기달 수 없어서 내가 알아서 하겠다고 조율한 뒤 이사를 마무리했다. 그러나 이삿짐이 정리될 즈음 어디선가 손 가락 두 마디 크기의 왕 말벌들이 집 안으로 들어왔다. 창문을 닫아도 어디선가 나타났다. 말벌은 독성이 강해 쏘이면 사망에 이르게 된다는 말에 서둘러 119 구조대에 구조 연락을 했다. 20분 후 구조 대원들이 도착하여 말벌 퇴치 스프레이를 들고서 근원지를 탐색했지만 찾지 못했다. 말벌집도 안 보이고, 나올만한 구석이 없다는 것이다. 당장 처리할 수 없으니 "이런 말벌 퇴치 스프레이를 사라"고 친절히 안내해 주고는 자리를 떠나버렸다. 빌라에 거주하는 다른 세대에도 물어봤지만, 벌이 들어온 적은 없다고 했다. 도대체 어디서 나타난 벌일까… 당장 스프레이를 구할 수가 없어서 두꺼운 박스를 뜯어 말벌들을 소탕했다. 십 여 마리를 잡은 뒤 겨우 소강상태가 되었고, 천장 틈과 바닥 틈새를 테이프로 막고 나서야 벌 소동은 끝이 났다.

다시 짐 정리를 하며 욕실 창틀을 다 분리해서 곰팡이 제거를 하다 보니 새벽 4시가 지났다. 침대가 도착하지 않아 맨바닥에 누웠는데 허벅지에 무언가 꿈틀거리는 느낌이 들었다. 육감과 직감이 곤두서며 필시 "이것은 발이 많은 곤충"이라는 것을 예상할 수 있었다. 순간 온몸에 소름이 돋아서 전기에 감전된 듯 자동으로 몸서리가 쳐졌다. 마치 공포스릴러 무성영화처럼 적막이 흐르는 새벽 짧은 비명과 함께 나리에 경련이 일었다. 뾰족한 침에 쏘인 듯한 고통과 마비 증상이 있었지만, 꿈틀거리는 그것을 잡아야만 했다. 그 순간 수십 개의 다리를 가진 손바닥 길이만한 초

록색 지네가 바닥으로 떨어졌다. 살면서 처음 본 혐오스러운 곤충에 소스라치게 놀라서 몸이 스프링처럼 튕겨 일어났다. 검색해 보니 "독성이 있기는 하지만 치사율에 미치는 것은 아니며 한동안 마비나 붓기가 지속될 수 있으므로 응급실에 가서 치료를 받으라"고 써 있었다. 그러나 새벽 4시에 또 119에 도움을 요청하기에는 너무 사소한 일이라 생각했고, 죽지는 않는다고 하니 통증은 참아보기로 하고서 새벽 내 버텼다. 그리고 5~6시간 후 통증은 점차 나아졌고 붓기는 한동안 지속됐지만 큰 이상은 없었다.

나쁜 일은 혼자 오지 않는다

말벌떼의 습격과 지네의 출몰에도 꿋꿋하게 새로 이사한 집에 적응해 가고 있었다. 이사 다음날부터 장맛비가 거세게 시작되었는데, 비가 오기 전에 이사를 마쳐서 운이 좋다고 생각했다. 그동안의 일들은 좋은 일이 오기 전 '액땜했다고 생각하고 잘 살아보자' 다짐했다. 그러나 화불단행(禍不單行)이라는 말처럼 재앙은 혼자 오지 않는 것 같았다. 뉴스에서는 연일 대서특필을 하며 강남과 신림 지역에 침수가 우려되니 저지대에 있는 사람들은 대피하라는 방송이 이어졌다. 주민센터에서는 수시로 경고 사이렌을 울리며 안전에 주의하라는 안내를 했다. 나는 성실히 지시에 따르며 3일간 집 밖을 나가지 않았다. 드디어 비가 그치고 며칠만에 집 밖을 나갔다. 언덕 지대에 있던 우리 집 주변은 침수 피해가 없었다. 언덕 지대로 이사 온 것이 처음으로 잘한 선택이라는 생각이 들었다.

그리고 차량을 다른 자리로 옮기기 위해 운전석에 앉는 순간 꿉꿉한 냄새와 함께 발 밑으로 질퍽하는 물기가 느껴졌다. 처음 느껴보는 수분 가득한 불쾌감, 그것은 누가 봐도 차에 물이 들어왔었다는 것을 알 수 있었다. 발매트를 들어보니 물이 자박하게 차 있었고, 차량 시트 아래까지 물이 찼다 빠진 듯 보였다. 엔진룸을 열어보니 다행히 물기는 보이지 않았지만, 트렁크를 둘러보니 흥건하게 젖어 있었다. 어떻게 고지대에 있는 차량이 침수될 수 있는지 도무지 이해가 안 되는 일이다. 집 주변 차주들에게도 피해 여부를 물어보았으나, 그 많은 차량 중에서 침수된 차는 내 차 밖에 없었다. 같은 주차장에 세워둔 차들도 전혀 피해를 입지 않았는데, 3일 동안 온 비가 나의 차에만 쏟아졌던 것일까? 명확한 답을 찾을 수는 없었지만, 지난 며칠 거세게 쏟아진 빗줄기들이 주차장 벽에서 튕겨 벽과 가까웠던 트렁크 부분으로 유입됐던 것으로 짐작할 뿐이다.

서둘러 차량 스팀세차가 가능한 곳을 찾아서 연락을 했다. 하지만 강남과 신림일대에 있는 클리닝 업체들은 침수 차량 과다로 이미 예약이 3개월씩 밀려 있었고, 외곽으로 나간다고 해도 견인을 해서 대기해야 한다는 답변들이었다. 그러다 집 주변에 위치한 클리닝 업체 한 곳에서 70

만 원에 바로 가능하다는 말을 들었다. 눈 뜨고 코 베이는 격이지만 차량 피해를 최소화하기 위해 빠른 시일 내에 처리하는 것이 낫다고 판단했다. 그리고 고가의 스팀세차 맡기고 3일 후에 찾아왔다. 차를 지킬 수 있다는 것에 감사하며.

그러나 하루 뒤, 배터리가 방전되어 출동 서비스를 불러 시동을 걸었고, 그 순간 엔진에서 이상음이 들렸다. 배터리가 충전되는 20분간 엔진에서 얕은 소리를 내며 떨림이 발생하는 것을 지켜보며 출동 기사는 "침수로 인한 엔진 손상이 있는 것 같다"고 했다. 급히 보험사에 연락하니 "침수차는 엔진 부분이 가장 큰 손상을 입어 운행이 불가할 수 있으므로 조속히 전손처리를 하는 것이 좋겠다"는 제안을 했다. 한 달 이상 경과될 경우, 보험 전손처리도 못하게 된다고 하여 안타깝지만 10개월도 함께하지 못한 차를 폐차할 수밖에 없었다.

이사 후 시작된 말벌 출몰 소동과 독성 지네 물림, 그리고 홍수로 인한 차량 침수까지 정말 버라이어티한 시간을 보냈다. 삼재이든 머피의 법칙이든 그런 때가 있다. 불운이 한꺼번에 몰려오는 때말이다. 그것은 내가 노력한다고 피할 수 있는 것이 아니다. 그러니, 힘든 상황에 속상해하기보다 '그런 때가 왔다'고 생각하는 편이 나을 수 있다.

2년간의 병원 치료
그리고 내려놓음

,

"낮은 에너지의 주기에 맞서 싸울 때

질병이 많이 발생합니다.

새로운 것이 성장하려면

소멸이 필요합니다."

에크하르트 톨레, 『에크하르트 톨레의 이 순간의 나』

이사 후 다시 잘 살아보겠다는 기대와 의지가 무색하게 더욱 고립으로 몰아넣는 일이 생겼다. 이틀에 걸쳐서 욕실 창틀을 뜯어내서 거뭇거뭇한 곰팡이를 씻어내기 위해 락스와 곰팡이 세제를 섞어 물티슈에 적셔 붙여두고, 천장과 벽면 청소를 했다. 천장은 가정집에서 이렇게 많은 곰팡이를 처음 본다 싶을 정도로 심하게 얼룩덜룩하게 덮여 있었다. 입주 청소를 부르려니 청소비 지출은 사치라고 생각되어 직접 한 것이다.

친싱에 있던 곰팡이늘과 세균들을 샤워기로 뿌려가며 박박 솔로 문질

러서 지워냈다. 장장 8시간에 걸쳐 화장실 겸 욕실, 싱크대 청소를 마무리했는데, 그날 저녁부터 팔다리에 붉은 반점들이 생기고 피부에 이상반응이 생겼다. 대수롭지 않게 생각하고 녹초가 된 몸으로 쓰러져 잠에 들었는데, 다음 날 아침 눈이 떠지지 않았다. 진득한 것이 굳어서 눈썹을 뒤덮은 채 눈을 뜰 수 없도록 막는 느낌이었다. 부리나케 세수를 하고 겨우 눈을 떠서 보니, 안구는 빨갛게 충혈돼 있었고, 눈두덩이는 퉁퉁 부어 있었다. 짓무른 눈곱이 눈을 아프게 했고, 반쯤 뜬 눈으로 안과 검진을 받으러 갈 수밖에 없었다.

의사는 곰팡이균 감염이 있을지 모른다며 100여 가지의 알레르기 검사를 실시했고, 결막염 진단을 내려 독한 약과 스테로이드제를 처방했다. 그러나 약을 복용할수록 피부에 발진과 눈두덩이가 붓는 등 부작용이 생겼다. 알레르기 검사에서는 이상 반응이 없었고, 2주면 나을 것이고 말했던 의사는 7개월 이상 차도가 없는 것을 보고 다른 병원을 가보라고 했다. 유명 안과를 다섯 곳을 찾아 다녔지만, 1년 넘도록 눈 상태가 나아지지 않았다. 그리고 마지막으로 찾았던 안과 병원에서는 "이렇게 안 낫는 이유를 모르겠다. 더 이상 스테로이드제를 복용하는 것도 무리가 될 테니 최대한 자연적으로 회복되도록 안약만 넣고 기다려보자"고 말했다. 그리고 오랫동안 안과 검사와 약 복용을 반복하면서 눈 상태가 나빠졌는지 녹내상 의심으로 대학병원 검진 의뢰서를 써주었다. 그 후

정기적으로 대학병원에서 검사를 받아야 했다.

이사 후 1년 넘게 안과와 피부과를 전전하며 외부 활동을 거의 하지 않은 채 그야말로 방콕 생활을 했었다. 이러려고 이사를 한 것이 아닌데, 왜 나를 일어서지도 못하게 힘든 일이 몰려오는 것인지 너무 답답했다. 의사도 원인을 알 수 없다는 안과 질환의 후유증으로 나의 눈은 예전과 전혀 다른 눈이 되었다. 항상 눈은 충혈되어 있고, 흰자는 황반변성이 일어나 이전의 맑은 눈으로 돌아가지 않았다.

'꽃이 시들면 그게 꽃의 탓이냐'

무엇이 잘못된 것일까? 직접 청소를 하겠다며 나섰던 성급함이 이런 상황을 초래한 것일까?

병원 치료를 받으러 다니는 1년여 기간 동안 나는 이사 온 집을 원망하고 또 원망했다. 그러던 중 독서를 하며 침잠하는 과정을 통해 원망이 점차 사라졌다. 일홍 작가의 책『행복할 거야 이래도 되나 싶을 정도로』에서 인용된 이야기가 이 상황과 딱 맞다고 생각했다.

"꽃이 시들면 그게 꽃의 탓이냐." 그렇다. 때가 되면 시들 수밖에 없는 꽃처럼, 혹은 때에 맞춰 시들게 된 자연의 순리처럼. 노력한다고 바뀌지 않는 순리가 있다. 내가 어찌할 수 없는 일들을 겪으며, 더 인정할 수 밖에 없었다. 그러나 꽃이 시든 자리에는 무엇이든 또 피어난다. 계절 지나면 머무른 공기가 바뀌듯 내 안의 생각과 감정에도 변화가 생기는 것을 느끼고 있었다.

PART 2
번아웃 리부트 가이드

❶ 묘비명을 써보면 인생이 보인다

번아웃의 깊은 터널 속에서 질문해야 한다.

어떤 삶을 살고 싶은지, 어떤 흔적을 남기고 싶은지.

❷ 번아웃 극복에는 한 사람이면 충분하다

고립의 시간에는 수많은 조언이 들리지 않는다.

나를 판단하지 않고 곁에 있어주는 사람 한 명이 가장 큰 힘이 될 수 있다.

❸ 영원한 것은 없다. 집착을 버려라

관계도, 상황도, 감정도 모두 변한다. 특히 힘든 순간 '친구'에 대한 집착을 내려놓으면 오히려 자연스러운 흐름 속에서 진정한 관계를 발견할 수 있다.

❹ 사람들은 저마다 말 못할 고통을 안고 산다

번아웃에서 벗어나려면 관점의 전환이 필요하다.
나만 힘들다는 생각과 자신만의 시선에 갇히지 않도록 해야 한다.

❺ 그런 때가 있다고 생각하라

불운이 몰려오는 시기에는 노력으로도 피하지 못할 때가 있다.
발버둥 치며 속상해 하는 대신, 그냥 그러라고 하자.

PART 3

번아웃 탈출
: 회복은 작은 행동에서부터

BURNOUT!

"쓸모없는 일은 없다.
아직 그 쓸모가 드러나지 않았을 뿐."

– 김현주(웰씨킴)

1

바닥난 정신력:
운동으로 끌어올리기

,

"만성 스트레스는 우리 몸의 스트레스 통제 스위치를

망가뜨려 몸과 마음이 손상된다.

다행인 것은 규칙적으로 운동을 하면

스트레스 반응이 정상 수준으로 돌아오고,

심리적 스트레스 요인에 강인해진다는 것이다."

제니퍼 헤이스, 『운동의 뇌과학』

우리는 어떤 일을 하기 전에 생각한다. '이 일이 쓸모가 있는 일인가?' 만약 쓸모가 없다고 생각한다면 시도하는 것 자체를 주저한다. 의미 없는 일에 시간과 노력을 들이는 것은 바보라고 생각하기 때문이다. 그러나 어떤 일들은 의미가 없어 보여도 훗날 삶에 연결되는 것들이 있다. 너무 힘들고 지칠 때는 의미 있는 일들보다 가까이 있는 일들을 하는 것이 더 나을 수 있다.

쓸모 있는지 없는지 누가 아는가

1년 이상 혼자만의 시간을 가지며, 수많은 생각과 번뇌 속에서 방황했던 만큼 그 시간을 통해 깨닫고 얻은 것들을 활용하여 더 잘 살아가기로 했다. 삶에 대한 의지가 생긴 것만으로도 크나큰 축복이자 감사한 기회였기에 꼭 붙잡고 싶었다. 언제까지 사회활동을 단절하고 집에만 있을 수는 없었다. 그래서 우선 번아웃 극복을 위해 내가 할 수 있는 일이 무엇인지에 대해 많은 생각을 했다.

육체와 정신은 상호 보완적 관계라고 한다. 하나가 무너져도 다른 하나가 버티고 있다면 되살아날 수 있다는 것이다. 매몰된 정신력을 단기간에 회복할 수 없다는 것을 알기에 육체의 힘을 되살리는 데 노력해 보기로 했다. 그렇다면 무엇부터 시작해야 할까? 그동안 육체활동을 하지 않아 몸이 많이 굳어 있었고, 번아웃으로 피폐해진 정신과 육체를 깨우기 위해서는 웜업(Warm Up)이 필요했다. 갑자기 많은 움직임을 요하는 운동보다 가볍게 시작할 수 있는 걷기를 하는 것이 좋겠다고 생각했다.

그렇다면 걷기 좋은 장소, 사람들이 많이 없는 공간이 어디 있을까?
'산'이야말로 휴식과 운동을 함께할 수 있는 가장 적합한 장소라고 생각했다. 그동안 무기력하게 보내며 생체리듬이 무너진 상태였기 때문에 운동 시간에 대한 압박은 주지 않기로 했다. 그래서 아침, 점심, 저녁 언제든 산에 가고 싶을 때 가기로 했다. 그리고 산길이 험한 곳보다는 나즈막한 언덕 또는 숨을 헐떡이지 않을 정도의 산을 찾았다. 그리고 비가 오지 않는 이상 하루 4시간씩 매일 산을 찾아갔다. 인적이 드문 조용한 산길에는 나와 꽃, 풀, 새와 곤충만이 함께했다. 평온함과 안정감을 느끼니 산에 가는 것이 하루의 중심이었고, 즐거움이 되었다. 그때만큼은 번아웃의 무게를 잊은 채 자연 속에서 자유로움을 느낄 수 있었다. 흐르는 물소리, 낙엽과 흙을 밟는 나의 걸음 소리, 청아하게 지저귀는 새소리에 마음이 치유되는 것을 느꼈다.

산으로 향하는 날이 늘어날수록 다리 근육이 강화되고, 심폐기능도 회복되었다. 무더운 여름에는 온몸이 젖도록 땀을 흘리면서도 개운하다고 느꼈고, 추운 겨울에는 살이 에이는 찬바람에도 시원하다는 생각이 들었다. 오랜만에 느끼는 생동감과 사계절이 지나는 동안 변하는 자연의 색깔과 모양들을 지켜보면서 인간의 삶에 대한 고찰을 했다.

산에서 배우는 삶의 이치

자연의 순환 이치처럼 인간의 삶도 순환되는 이치가 있다. '생로병사'와 '길흉화복'과 같이 태어나면 늙어가는 과정이 있고, 병이 들면 죽는 것이 이치이다. 좋은 일이 있으면 나쁜 일도 있고, 화가 있으면 복도 있다.

107

어느 한 지점에 머물러 영원한 것이 없이 흘러간다.

사계절의 순환처럼 싹이 뿌리를 내리면 꽃이 핀 자리에 열매가 나고, 잎이 떨어지면 다시 싹을 움트듯이, 나의 생애는 80년이든 100년이든 수 세월에 걸쳐 피고 지는 과정을 반복할 것이다. 매 순간이 똑같지 않을 것이며, 해와 달, 바람과 비, 환경의 영향으로 새로이 거듭나게 될 것이다. 사람은 저마다 각기 다른 꽃을 피울 뿐, 더 잘나고 못난 것이 없다. 그러므로 지금의 침체됨을 너무 안타깝게 생각하지 않아도 되지 않을까? 그러한 생각을 하다 보니 '번아웃'에 대한 관점도 바뀌기 시작했다.

글로벌 멘토가 되어 사람들에게 도움이 되는 사람이 되고자 했던 목표를 따라 열심히 살아온 것은 잘한 일이고, 후회되지 않는다. 그렇지만, 그 과정에서의 나의 마음 자세들이 스스로를 번아웃으로 이끌었다는 생각이 들었다. 가령, 과한 책임 의식과 목표 의식으로 인해 스스로 부담과 압박을 만든 것이다. 그리고 무엇이든 잘 해낼 것이라는 자만심과 기대로 인해 만족스럽지 않은 결과에 대한 반감을 일으킨 요인이 되었다. 모두 내 안에서 일어난 생각과 감정으로 인해 초래된 것이었다.

그제야 세상이 나의 노력을 알아주지 않은 것이 아니라, 나의 기대가 너무 컸기 때문에 자기 만족에 도달하지 못했음을 알아차렸다.

'내려놓음'과 '비워내기'가 마음을 정화할 수 있다는 것을 산에서 배울 수 있었다. 조용히 혼자 걷고 보고 느끼는 것만으로도 인간의 이치와 자연의 이치를 배우는 시간을 가질 수 있다. 특히 사람들과 대면하는 것이 힘들다면 더더욱 산으로 가기를 권한다. 변화에 대한 성급한 기대와 조급한 마음은 내려놓고, 오로지 '나'의 편안함에 집중해야 한다. 그러면 자연스레 내면의 나도 외면의 나를 알아주는 때가 온다.

미라클 모닝 100일:
새벽기상의 딜레마

,

"좋은 아침의 단 하나의 요건은 다름 아닌 '의도'다.

의도를 갖고 아침을 시작하지 않으면

좋은 하루를 보내기 어렵다."

벤자민 스풀, 마이클 잰더, 『성공한 사람들의 기상 후 1시간』

인생을 바꾸고 싶으면 습관을 바꾸라는 말이 있다. 번아웃으로 물러져 버린 생활 습관들을 바꾸고 삶의 중심을 되돌려야 한다는 생각이 들었다. 일을 하지 않는 기간이 일 년이 지나고, 이 년 가까이 흐르면서 밤낮이 바뀐 생활에 익숙해졌다. 그래서 성공한 사람들이 실천한다는 '미라클 모닝', 즉 새벽 기상을 해보기로 했다. 사실 번아웃 이전에도 한번 시도한 적이 있었지만, 며칠도 못 가 포기하고 말았다. 그러나 다시 시도하는 미라클 모닝은 의도가 달랐다. 무기력과 우울감으로 정신력이 나약해진 이 시기에, 100일을 꾸준히 해낼 수 있다면 앞으로 못해낼 것이 없을 것이라는 강한 의지가 있었다.

1월 1일부터 시작한 미라클모닝은 새벽 5시 기상, 12시 취침을 목표로 하루 계획을 세워 실천했다. 블로그에 매일 새벽 기상을 인증하며, 스스로 약속을 지켜야 하는 책임감과 의지를 더했다. 해도 뜨지 않은 새벽, 블로그 속에는 부지런하게 사는 사람들이 너무나도 많았다. 각자의 목표와 다짐으로 새벽에 기상하고, 서로 응원해 주는 열기가 있었다. 타인의 의지를 등에 업고서라도 100일은 꼭 실천해 보자는 굳건한 마음을 가졌다. 그리고 진짜 100일을 완수했다.

미라클모닝을 실천하는 동안 경험한 네 가지의 변화들

첫째, 체중 감량 다이어트 효과

취침 4시간 전에 식사를 마무리 하려다 보니 저녁 식사 시간을 오후 8시 전으로 하고, 야식은 가능한 피할 수 밖에 없었다. 그 결과 체중이 3킬로그램 줄어들면서 체지방과 비만 수치가 감소했다.

둘째, 금주

새벽 5시 기상을 위해서 취침에 방해되는 것들은 삼가했다. 특히 술은 알코올 성분으로 인해 수면에 방해가 되고, 다음 날 기상 시 피로가 더욱

111

가중되기 때문에 멀리해야 했다. 그러다 자연스럽게 100일 간 금주 실천으로 이어진 것이다.

셋째, 긍정 마인드가 강화

매일 기상과 함께 새롭게 주어진 하루에 감사한 마음으로 시작했고, 앞으로 해보고 싶은 일과 할 수 있는 일들에 대해 시각화함으로써 긍정의 기운을 새겼다. 당장 물리적인 큰 변화는 없을지라도 내면의 변화만으로도 충분히 의미 있었다.

넷째, 효율적인 시간관리

위의 실천들을 반복하다 보니 하루를 조금 더 의미 있는 것들로 채우기 위해 시간표를 작성하여 체계적으로 살게 되었다. 예를 들어, 순간의 즐거움을 위한 드라마, 영화, 예능 시청 시간을 줄이는 대신, 독서와 학습 시간을 늘림으로써 자기계발의 기회를 만들었다. 무너진 생활 균형을 다시 정비할 수 있는 시간이었다.

그러나 '미라클 모닝'을 100일 실천하는 동안 부작용도 있었다. 가장 큰 부분은 수면의 질이 저하된다는 것이다. 기상과 취침 시간을 지켜야 한다는 압박과 부담감에 편하게 잠을 잘 수 없었다. 아마도 이것은 개인적인 성향에 따른 차이가 있을 것이다. 나는 민감한 성격으로 무언가에 신경을 쓰면 쉽게 벗어나지 못한다. 그래서 100일 동안 하루 평균 수면 시간이 평균 3시간에 불과했고, 피로가 누적되어 코피를 흘리거나 어지럼증, 두통을 겪는 날이 많았다.

검진을 받아보니 면역력이 저하가 심각하고, 스트레스로 인해 더욱 염증 반응 수치가 높아져서 관리가 필요한 상태라고 했다. 나에게 새벽기상에 대한 의지보다 당장 우선되어야 할 것은 충분한 수면과 스트레스를 받지 않도록 하는 것이었다. 그래서 100일을 끝으로 새벽 5시 기상은 종료했다. 그리고 바로 12시간 이상 긴 숙면을 취했다.

압박감과 부담감에서 벗어나니 하루가 더욱 활기차고 여유롭게 느껴졌다. 100일의 시간 동안 삶에 대한 의지를 확인하는 것만으로도 충분했다. 이제는 보여주기 위한 실천이 아니라, 나에게 맞는 패턴을 찾아 성실하게 살아가는 것이 더 중요하다는 생각이 들었다.

무엇을 위해 미라클 모닝을 실천하는가?

현재가 만족스럽지 않아서 변화가 필요하다면 미라클모닝을 실천해보는 것도 좋은 경험이 될 수 있다. 그러나 중요한 것은 기상 시간이 아니다. 건강하고 행복한 삶을 살기 위한 습관을 만드는 것이다. 건강에 무리가 되는 실천이 아니라, 자신의 건강상태를 고려하여 실천해야 한다. 미라클 모닝이 아니라 '미라클 나이트'가 되어도 괜찮다. 무언가를 꾸준히 지켜보겠다는 의지와 노력, 그것으로 내 안에 긍정 에너지를 반복적으로 심어주는 것만으로도 충분히 변화가 시작될 수 있기 때문이다.

3
버킷리스트 실행:
보트면허, 대형면허 도전

,

"나는 마지막에 웃는 놈이

좋은 인생인 줄 알았다.

근데 자주 웃는 놈이

좋은 인생이었어."

태수, 『어른의 행복은 조용하다』

내가 좋아하는 말 중에 하나는 소소하지만 확실한 행복이라는 '소확행'이다. 크고 거창한 행복들은 손에 닿지 않는 먼 곳에 있을 때가 많다. 대부분의 사람들은 먼 훗날을 기약하며 오늘의 소소한 행복들을 포기한다. 나 역시도 그랬다. 나름대로 작은 행복들을 수확하며 살았다고 생각했지만, 그것들은 내부분 일과 관련된 목표 성취와 연결되어 있었고, 일상의 즐거움을 가져다줄 행복은 후순위였다. 그러나 번아웃을 통해 모든 것을 내려 놓을 마음까지 닿고 보니, 멀리 있는 행복이 아니라 눈앞에 있는 행복들을 누려야 한다는 생각이 들었다.

마침 1년 반 이상 운동을 지속하며 몸과 마음의 근육은 회복되고 있었다. 그래서 무엇을 해야 낮아진 자기 효능감을 회복하고, 일상의 행복을 누릴 수 있을지 고민했다. 그러다 버킷리스트를 떠올렸다. 그동안 하고 싶다는 마음만 있었을 뿐 시도하지 않았던 일들이 많았다. 버킷리스트는 죄수들을 사형할 때, 교도관들이 양동이를 발로차기 전 죄수들의 소원을 들어주던 'kick the bucket'에서 유래한 것이다. 번아웃의 낭떠러지에서 죽음에 대해 깊이 고려하던 시기를 지나고 보니, 버킷리스트가 더 이상 남의 이야기가 아니었다. 그래서 "언젠가 하면 좋겠다"고 생각했던 목록들을 적어보고, 결과를 바로 확인할 수 있는 것으로 우선 선별했다.

그것이 바로 대형 면허와 보트조종 면허 취득이었다. 단순하게는 소원성취의 목적이지만, 장기적으로는 사회생활을 하고 싶은 마음이 들지 않는다면, 언제 어디로든 캠핑카와 보트를 타고 유랑하겠다는 생각도 있었다. 그러다 보니 캠핑 카라반을 연결할 수 있는 소형견인면허도 함께 취득해 보자는 목표가 생겼다.

성취감 회복을 위해 독학으로 취득한 3종 면허

기한 없이 시작한 버킷리스트 3가지를 어떻게 실천해야 할까?

다행히도 1종보통 운전면허 소지자는 대형면허와 소형견인면허의 이론 시험이 면제되어 실기만 준비하면 되어 부담이 적었다. 그래서 기간적으로 가장 오래 걸릴 것으로 예상되는 대형면허부터 응시했다. 승합차 이상의 큰 차량을 운전해 본 경험이 없지만, 운전 감각은 있다고 생각하여 유튜브 영상을 찾아보며 독학으로 준비했다. 시험 일정에 맞춰 강남면허시험장과 서부면허시험장을 오가며 한 달 반 동안 8회의 불합격을 받았다. 아쉽게도 회전 각도에 대한 공식을 뒤늦게야 알게 되어 수차례 낙방할 수밖에 없었다. 그러나 시험을 준비하며 머릿속으로 버스 운전 시뮬레이션을 하는 자체도 새로운 경험이었고, 코너를 도는 아슬아슬한 긴장도 나름 생동감 있어서 좋았다. 그렇게 도전 자체를 즐기며 9수 끝에 대형면허를 취득했다.

그리고 대형면허를 준비하는 3개월 사이 소형견인면허도 함께 응시했다. 1종 보통 트럭 후면에 트레일러를 견인하며 굴곡과 S자, 후면 주차 코스를 완료하면 되는 것이다. 이미 대형 버스를 여러 번 운전해 본 후였기에 오히려 차량 길이도 짧고, 각도 잡기가 어렵지 않아서 첫 시험에 합격할 수 있었다. 너무 쉽게 면허를 취득해서 성취감이나 긴장감은 없었지만, 게임에서 퀘스트를 하나씩 달성하는 것 같아서 재미있었다. 번아웃을 겪는 동안 그런 느낌은 처음이었기에 더 감사했다.

　그리고 마지막으로 도전한 것은 보트조종면허였다. 정식 명칭은 동력수상레저기구 일반조종 2급으로 배수량 5톤 미만의 동력수상레저기구를 조종할 수 있으며, 이론과 실기 모두 60점 이상부터 합격하는 조건이다. 1급은 보트 운전경력 조건이 있어서 2급을 지원했다. 이론 시험을 준비하면서 몇 년 만에 암기도 하고, 기출문제도 풀면서 학창시절로 돌아긴 느낌이 들었다. 다만, 자동차 운전과 같이 도로주행 관련 상식이 아니라, 해상 운전에 필요한 해상법 관련 내용들이 생경하기는 했다. 이틀간 이론과 문제를 반복적으로 외웠고, 운이 좋게도 78점을 받으며 이론 시험에 합격했다. 번아웃을 겪는 동안 기억력도 저하되고 인지능력도 둔화되어 다시는 예전처럼 기억력이 회복될 수 없을지도 모른다고 생각했다. 그런데 이론 시험에 합격하는 순간, 기억력이 아직 건재하다는 것을 확인했다는 것이 더 기뻤다. 그 여운을 이어 곧장 보트 조종면허 실기 시험을 접수했다.

　고정된 도로를 달리는 자동차가 아닌 물위에서 달리는 보트 운전은 상상만으로도 시원하고 자유로웠다. 하지만, 보트 운전 경험이 없어서 운선 중 실수를 하게 될까 걱정이 되는 것은 어쩔 수 없었다. 그래도 왠지

할 수 있을 것 같다는 생각과 함께 일단 시도해 보자는 생각이 들었다. 실기 시험을 위해 찾은 양화조종면허시험징에는 같은 시간대 지원자 17명이 모여 있었고, 다들 어디에서 교육받았는지 물으며 정보를 나누었다. 첫 응시이자 독학으로 조작법을 익힌 나는, 다른 응시생들의 노하우를 귀동냥하며 조종 레버와 코스를 상상하고 이미지트레이닝을 했다. 이내 실기시험이 시작되었고, 응시 번호에 따라 2인 1조로 보트에 승선했다. 이미 유튜브로 보트 조종 시험 영상을 100번 이상 보았지만, 실제 보트에 앉아 보니 익숙하지 않은 느낌에 적응이 쉽지 않았다. 운전대는 너무 가벼워서 작은 각도에도 큰 움직임을 가져왔고, 기어 조정 레버도 세밀하게 밀어서 속도를 맞춰야 해 더욱 긴장이 되었다. 그래서 앞선 응시생의 보트 시험 모습을 보며 코스와 시험 내용을 복기했다.

드디어 나의 시험 차례가 되어 운전석으로 자리를 바꾼 뒤, 시험관의 지시에 따라 방향을 조하며 사행 구간에 접어들었다. 사행 구간은 뱀처럼 구불구불하여 한자로 뱀 사(巳)를 쓰는데, 자동차 운전 시험의 S자 코스가 4개 연달아 있다고 생각하면 된다. 보트 조종 구간 중에서 난이도 상의 수준으로 대부분 이 구간에서 불합격한다. 나 역시 구불구불한 코스에서 속도 레비를 섬세하게 조절하지 못해서 불합격했다. 그래도 보트 운전 경험을 해봤으니 만족스러웠다. 이제 더 잘 할 수 있겠다는 생각으로 가장 빠른 다음 시험 일정을 신청했다. 그리고 지난번보다 더 부드러운 핸들링과 세밀한 레버 조작으로 침착하게 코스를 마치며 두 번째 만에 합격할 수 있었다.

그야말로 무모한 도전이었다. 한 번도 경험하지 않은 것에 무턱대고 도전하는 정신은 나의 본능이다. 두 달 동안 취득한 대형면허와 소형견인면허, 보트조종 2급 면허까지, 그 경험의 시간을 통해 그동안 잊고 있었던 나를 되찾은 것 같았다. 그리고 이제는 버스 운전기사와 견인 운전기사, 보트 조종까지 할 수 있는 일이 더 추가되었으니 혹시라도 번아웃을 이겨내지 못하거나 이전 커리어를 이어갈 수 없더라도 괜찮을 것 같았다. 번아웃 극복에 대한 압박감도 덜어지는 기분이었고, 그렇게 마음의 여유와 회복 의지를 채워가기 시작했다.

소소한 일상의 행복과 보람부터 찾아가다 보면,
그 끝에 번아웃의 탈출구가 보일 수 있다.
당신이 아껴둔 버킷리스트는 무엇인가?
지금이 그것들을 실천할 최적의 시기이다.

4

새로운 일:
청소 아르바이트 시작

,

"기꺼이 아마추어가 된다는 건

과거에 이뤄왔던 것이나

내가 잘하는 것만을 계속 붙잡고 있는 대신,

서툴지만 한 인간으로서

내가 좋아서 할 수 있는 것을 즐겨보는 것이다."

진영호, 『어른의 재미』

사람들은 좋아하는 일과 잘하는 일, 해야 하는 일 사이에서 고민한다. 내가 좋아하는 일, 잘하는 일은 경험 해봐야 알 수 있다. 경험해 보지 않고 그것이 좋은지, 잘 맞는지 어떻게 알겠는가. 하물며 지금 좋아하는 일도 언젠가는 싫어히는 일이 될 수 있나. 사람의 마음은 변하기 때문에 어느 것도 장담할 수 없다. 끊임없이 변하는 마음을 잡기 위해서는 끊임없이 시도해 보고 맞는 것을 찾아가야 한다. 그 과정을 멈춘 채, 좋아하는

121

일이 무엇인지, 잘하는 일이 무엇인지 모르겠다고 하는 것은 찾을 의지가 없다는 말과 같다.

막막할 때는 할 수 있는 일부터 시작해 보자

나는 전공과는 무관한 HR 분야로 첫 사회생활을 시작하여 15년의 경력을 쌓으며 취업컨설턴트가 천직이라 생각했었다. 그러나 나만의 커리어 콘텐츠를 구축해 나가는데 노력만큼 역량이 뒷받침되지 않는다는 생각이 들었다. 그래서 '이 일이 나에게 맞는 것인가?'에 대해 다시 생각해 보게 되었다. 그리고 고인물처럼 정형화된 교육 방식에서 벗어나지 못한다면 차라리 다른 일을 하자라는 생각이 들었다. 나에게 맞는 새로운 일, 잘 하는 일이 무엇일까? 여러 생각들 끝에 얻은 답은 '청소 전문가'였다.

12년 전, 한국직업방송에서 패널로서 경력단절여성들을 위한 직업을 소개했었다. 육아나 개인적인 사정으로 정기적인 근무가 어려운 사람들을 위해 파트타임으로 시간 조율이 용이한 직업들을 주로 소개해 주었다. 그때 가장 기억에 남았던 직업이 '정리수납컨설턴트'였다. 업무 시간은 2~10시간 이내로 정리 규모에 따라 조율이 가능하여 스케줄 관리에도 용이했고, 시급은 기본 5만 원 이상으로 파트타임으로 시작하기에 좋은 직업이었다. 개인적으로 나는 정리정돈 및 청소하는 것을 좋아하고,

믿고 맡길 수 있는 신뢰감이 강점이라고 생각하기에 정리수납컨설턴트가 적합하다고 판단했다. 그러나 십여 년 전과 달리 지금은 청소사업이 활성화되어 기본 시급 및 일급이 낮아졌고, 주민센터 및 인력개발센터 등에서 운영하는 교육 이수가 필요 했다. 일정을 확인해 보니 바로 참여할 수 있는 교육이 없는 관계로 다른 일을 알아보기로 했다. 그래서 생각한 것이 그와 유사한 '청소' 업무였다.

우선 가장 인기가 많은 업체의 모바일 어플에 가입했다. '클리너'로 개인정보를 등록한 다음, 청소 장소와 시간, 금액 등을 확인하고 지원하면 일자리가 연결되는 시스템이었다. 파트타임 근로자가 증가하고 있는 요즘, 청소 일자리는 근거리에서 투잡 또는 쓰리잡을 구하기에 용이하다. 그리고, 혼자 일하는 것이 편한 사람이라면 자유롭게 일할 수 있다는 장점이 있다. 지정된 시간 동안 맡은 구역을 최대한 완수하기만 하면 되는데, 아쉽게도 청소 업무 역시 급여가 높지는 않았다.

평균 시급은 12,000원 내외로 2시간 근무가 일반적이다. 법정 기본 시급보다 조금 더 높은 수준으로 왕복 이동시간 및 교통비를 지출을 생각한다면 인건비가 높은 편은 아니다. 예를 들어, 본인 주거지 인근 5킬로미터 이내의 거리를 이동한다고 해도 대중교통이나 도보로 이동 시 왕복 40분에서 1시간은 기본 소요된다. 2시간 근무까지 3시간 반을 투자했다면, 시급이 7천 원도 안 되는 것이다. 물론 노는 시간에 자투리 시간을 활용하여 일을 하고, 수입을 얻겠다고 생각한다면 일회성으로 단기적으로 괜찮을 것이다. 그러나 청소를 주업무로 한다면 만족스러운 수입원은 되지 않을 것이다.

또 한 가지 아쉬운 점은 청소 난이도가 복불복이라는 것이다. 파트타임 청소를 의뢰한 가정들은 일주일에 한 번씩 정기적으로 진행하는 곳도 있지만, 대부분 일회성으로 몇 달 혹은 일 년에 한 번 정도 밀린 청소를 대신해 달라는 경우가 많다. 첫 청소를 배정받고 방문한 집은 곰팡이 집이라는 생각이 들 정도로 청소 상태가 최악이었다. 가만히 숨을 쉬기에도 퀴퀴한 냄새와 묵은 먼지에 견디기가 힘든 정도였다. 속으로 '내 평생 이런 집을 다시 볼 수 있을까?'라고 생각했었지만, 그 후로 더 심각한 집들도 많이 보았다. 싱크대에 주황색, 푸른색, 갈색 곰팡이가 뒤섞여 젤리처럼 뭉쳐져 있는 것은 기본이고, 욕실에는 두껍게 쌓인 물 곰팡이로 인해 발을 헛디디면 남의 집에서 장사를 치를 수 있겠다는 생각이 들 정도였다. 그리고 세면대에는 머리카락이 막힌 채 몇 달 동안 방치되어, 고인 물에서 머리카락을 빼낼수록 딸려 나오는 이물질은 가히 공포영화 급이다. 청결 상태가 불량을 넘어 주거 불가능의 상태로 보이는 곳도 많았지만, 맡은 업무이기 때문에 최대한 깨끗한 상태로 만들어야 했다. 이렇게까지 자세하게 설명을 하는 이유는 '그 어떤 것도 쉬운 일은 없다.'라는 것을 뼈저리게 느꼈기 때문이다.

좋아하는 일인지 잘하는 일인지,
오래할 수 있는 일인지는 경험해 봐야 안다

모든 일에는 장단점이 있지만, 그만한 대우를 받고 일하느냐 아니냐는 천지차이가 난다. 한국은 3D 업종에 대한 인식과 보상이 낮은 편이다. 호주의 경우, 3D 업종들은 비정규직(캐주얼) 채용이 많고, 정규직보다 시급이 더 높다. 힘든 업무에 대한 보상이 잘 이루어지고 있기 때문에 노동 공급자들도 많다. 그러나 한국은 비단 청소뿐 아니라, 농촌 일손이든 공장 일이든 업무 난이도는 높지만, 법정 기준 시급에만 근거하여 임금을 지급하는 경우가 대다수이기 때문에 구직자들이 선호하지 않는다. 자국민으로 채용할 수 없는 부분은 외국인 노동자들이 대신하지만, 그마저도 일각에서는 한국 사람들의 일자리를 빼앗는다고 아우성이다. 그러나 업무 현장을 보면 절대 그렇게 말할 수 없을 것이다.

몇 달 간 청소 업무를 해본 후, 개인적으로 이 일을 오래할 수는 없겠다는 결론을 내렸다. 자신만의 청소 노하우가 있고, 청소 업무 경험이 있다면 역량의 가치를 더 높일 수 있는 방법을 찾을 수 있다. 예를 들어, 청소를 개인 사업으로 한다면, 수수료를 내지 않고 고객 확보를 통해 충분히 수익률을 높일 수 있다. 다만, 나에게 있어 청소는 평생 하고 싶은 직업이 아니라, 내가 사는 곳을 깨끗이 하는 것만으로도 충분하다는 것을

125

확인했다. 그래서 교육을 통한 리스킬링과 업스킬링으로 새로운 방향성을 찾아보기로 했다.

5

새로운 배움:
쓸모없는 교육은 없다

,

"미래의 직업 세계에서는

가장 많이 아는 사람이 성공하는 것이 아니라

가장 많이 배우는 사람이 성공한다."

서용석, 『직업의 미래』

　나는 공부하는 것은 싫어하지만 배우는 것은 좋아한다. 그러나 명분(名分)이 있다면 하기 싫은 공부도 감내하게 된다. 취업컨설턴트를 할 때는 상담과 강의에 도움이 되는 MBTI, STRONG, 에니어그램, 펀리더십 등 다양한 자격증을 취득하기 위해 퇴근 후와 주말 시간에도 열심히 배움을 이어갔다. 그리고 글로벌 멘토라는 꿈에 다가가기 위해 워킹홀리데이와 대학원 유학까지 할 수 있는 깃들은 가능한 낳이 시도했다. 그러나 번아웃 이후 사회로 다시 복귀하기 위해서는 새로운 배움이 필요하다고 생각했다. 그것이 기존의 경력에 활용될 수 있으면서도 새로운 일에 쓰일 수 있는 가치 있는 배움을 원했다. 그래서 커리어에 대한 생각이 복잡할 때면 찾아가는 멘토님을 찾아갔다. 사회 초년생 시절, 첫 직장에서부터 취업컨설팅의 길로 이끌어 주셨던 분이기에 이런저런 고민을 이야기하고, 새로운 시도를 해보고 싶다는 조언을 구했다. 그러자 멘토님은 퍼실리테이션과 면접평가위원 교육을 추천하셨다. 처음 듣는 교육들이었지만, 추천해주신 이유가 있다고 믿고 바로 새로운 배움을 시작했다.

첫 교육은 퍼실리테이션 과정이었다. 퍼실리테이션이란 '집단의 공동목적을 달성할 수 있도록 도구와 기법을 활용하여 절차를 설계하고, 중립적 태도로 진행 과정을 돕는 활동'이다. 교육은 이틀 동안 총 16시간 일정으로 진행되며, 비용은 100만 원대였다. 사회생활을 하지 않던 시점에서 다소 부담스러운 비용이었지만, 배워두면 강의와 워크샵에서 활용도가 높을 것이라는 생각에 수강을 결정했다. 대인기피증에서 완전히 벗어나지 못한 시점에 교육을 듣다 보니 수업 첫 날에는 사람들과 자연스럽게 시선을 마주하지 못했다. 그러나 참여형 수업 방식 덕분에 지식과 생각을 공유하는 시간이 많아지면서 점차 많은 사람들이 있는 공간에 익숙해졌다.

20년 이상 퍼실리테이션 분야에서 경력을 쌓아 온 베테랑 전문가들에게서 배울 수 있는 기회였기에 지식과 경험적 노하우들을 흡수하기 위해 나는 최대한 수업에 몰입하려고 노력했다. 교육을 들으면서 조원들과 아이디어를 모으고, 퍼실리테이션 도구들을 활용하여 실습을 하면서 예전의 취업 강의할 때 모습이 떠올랐다. 다른 사람의 강의를 보면서 나를 돌아보고, 후퇴하고 있는 나를 다시 나아갈 수 있도록 동기를 불어넣는 시간이 되었다. 그러나 새로운 것을 배우고 교육을 수료했다고 해서 바로 업무 현장에 투입되거나, 실생활에 적용하기는 어려울 수 있다. 그럼에도 계속 교육을 받는 이유는, 배운 것은 언제 어느 순간이든 반드시 활용된다는 것을 경험적으로 알고 있기 때문이다.

그리고 몇 달 후 면접평가위원 교육을 수강했다. 기본과 심화단계로 나뉘어 총 2일, 16시간의 과정으로 국가지원 무상 교육으로 비용 부담이 없었다. 이 교육은 공공기관과 민간기업의 공정한 채용 과정을 위해 면접관의 역량을 향상시키기 위한 블라인드 채용 및 노동 관련 법규와 채용 프로세스 등의 교육을 제공하는 것이다. 본업인 취업컨설턴트와도 업무적으로 관련성이 높았고, 이론적인 부분에서 이해도가 높았기에 유익한 시간이 되었다.

세 번째 교육은 본업과 진혀 관련이 없는 '부동산 투자 초급 과정'이었다. 번아웃 초기 혼자 조용히 살기 위해 경매와 촌집 등 부동산 매매를 시도했지만, 지식과 경험의 부족으로 원하는 결과를 얻지 못했다. 그래서 부동산과 경제에 대한 지식을 보완하기 위해 부동산 투자 초급과정을 온라인으로 수강하게 된 것이다. 총 5일 과정에 수강료는 5만 원이었지만, 교육 후기를 블로그에 올리면 수강료 5만 원을 환급해 준다는 조건에 교육에 참여했다. 업체는 마케팅적인 측면에서 나의 교육 후기와 수강료를 맞교환한 셈이다. 그러나 교육 내용은 인터넷으로 찾아볼 수 있는 기본적인 수준으로 지식 향상에 큰 도움은 되지 않았다. 오히려 교육 수료 후, 유료 경매 사이트를 2개월간 무료로 사용할 수 있는 쿠폰을 제공한 것이 물건분석을 많이 해볼 수 있는 기회가 되었다. 이후, 지방의 빌라와 승용차 물건 경매에 여러 번 응찰하면서 새로운 경험들을 했으니 언젠가 차량과 부동산 매수에 활용될 수 있을 것이라 믿는다.

"쏘지 않으면, 확률은 0퍼센트다."

캐나다 아이스하키 선수 웨인 그레츠(Wayne Gretzk)가 한 말이다. 나 역시도 그 말에 동의한다. 아무것도 하지 않고 변화를 기대할 수는 없다. 한 번에 과녁 중앙에 맞히지는 못하더라도 행동에 대한 결과는 0퍼센트보다 높게 돌아온다. 그리고 그 말은 번아웃에서 벗어날 즈음 현실이 되었다.

6

자아성찰:
1년 337권의 독서의 힘

,

"'무언가 해야 한다'는 강박,

성과와 인정으로 자기를 증명하려는 충동은

깨어 있지 않은 마음에서 비롯된 습관입니다.

그 흐름을 놓지 못할 때 몸이 나 대신 멈춰 주려 합니다.

그래서 질병이나 탈진, 무기력 같은 방식으로

삶이 나를 쉬게 하기도 합니다."

에크하르트 톨레, 『붙잡지 않는 삶』

운동과 미라클 모닝 실천으로 삶의 활기를 되찾는 듯 했지만, 아직은 사회로 돌아가기가 겁이 났다. 아니 부담스럽다고 하는 것이 정확할 것 같다. 나아가는 듯 히다가 제자리도 돌아오는 답보 상태가 계속되었다.

'간절하게 번아웃에서 벗어나고 싶은데, 어떻게 해야 방법을 찾을 수

있을까?'

'마지막으로 한 가지만 더 시도해 본다면 무엇을 해야 할까?'

번아웃 2년 차에 시작한 '1일 1독'

고민하던 끝에 독서를 떠올렸다. 그동안 읽었던 자기계발서에서 실패와 좌절, 고난으로 벼랑 끝에 섰던 사람들이 책을 통해 죽음의 고비를 이겨내고 재도약의 기회를 얻었다고 했다. 과연 그 말이 사실일지 확인해 보고 싶었다. 그리고 만약 내가 독서를 통해 번아웃을 극복할 수만 있다면 책을 평생 놓지 않겠다고 다짐하며 1일 1독서를 시작했다.

첫 책은 그랜트 카돈의 『집착의 법칙』이라는 동기부여 책이었다. 자기계발서를 가장 좋아하기도 하고, 인문도서보다 내용이 무겁지 않아서 선택한 것이다. 그랜트 카돈은 강한 정신력과 자기애를 어필하는 사람이다. 그는 20대 초반까지 마약 중독으로 인해 병원 치료를 받으며 인생의 패배자 취급을 받으며 살았고, 성공에 대한 갈망으로 스스로 각성하여 8,000억의 자산가로 거듭났다. 대단한 정신 승리자인 그에게도 큰 성공을 이룬 뒤 공허함과 무기력감으로 1년 이상 방황의 시간이 있었다. 그러나, 그랜트 카돈은 방황의 시간마저 의지로 이겨내며, 목표와 목적지를 잃어 방황을 하는 것일 뿐 "번아웃이란 없다."라고 말했다.

그 부분을 읽는 순간 '나에게 하는 말'인 듯 흠칫 놀랐다. 번아웃이라고 주장하던 그 시간들이 허공에 의미 없는 발버둥을 친 것에 불과한 것일까? 사실 그 시간 동안 나는 '왜 번아웃에 빠지게 되었는가'에 대한 질문만 했을 뿐, 새로운 목표를 설정한 적이 없었다. 번아웃을 극복하고 싶다면 번아웃의 원인을 알아차리고, 앞으로 어떻게 살아야 할 것인지를 묻는 것이 현실적이었을지도 모른다. 그러나 나는 이미 일어난 것에 대한 집착으로 현실을 보지 못하고 과거에 갇혀 있었던 것도 인정한다.

그러나 나는 그랜트카돈과 달리 '번아웃은 있다'라고 말하고 싶다. 번아웃으로 깊은 고뇌의 시간을 보냈던 것이 내 삶을 재점검하기 위해 반드시 필요한 시간이었다는 것을 알기 때문이다. 그 시간이 있었기에 삶을 대하는 태도와 앞으로 나아가야 할 방향에 대해 새로운 관점으로 접근할 수 있었다. 그렇다면 앞으로 '어떻게 번아웃을 극복할 것인가?' 나는 새로운 목표 설정이 절실했다.

첫 책에서부터 정신이 번쩍 들게 하는 문장들이 마음에 휘몰아쳤다. 자기 연민에 빠져 깊은 수렁 속으로 들어가는 나를 건져 올린 느낌이었다. 첫 책을 읽으며 8시간을 보내는 동안, 아침부터 저녁까지 다시 시작해 보겠다는 의욕이 강렬하게 솟구쳤다. 그리고 독서 후의 마음상태와 배운 것들을 기억하기 위해 블로그에 기록했다. 언제라도 같은 상황이 온다면 다시 읽고 정신을 차리기 위한 것이었다.

첫 책의 감동이 가시지 않도록 다음 날도 계속해서 한 권의 책을 읽어 나갔다. 하루 한 권의 독서를 기대한 적은 없었지만, 오랜만에 느끼는 삶에 대한 의욕과 의지를 놓아버리고 싶지 않았다. 이 기분과 기회를 꼭 붙들고 번아웃의 늪에서 빠져 나오리라 다짐했다. 그렇게 100일이 지나가는 동안 그 어떤 활동들보다 즐거운 시간을 보냈고, 뿌듯한 마음이 가능했다.

100일 동안 심리적 변화 외에는 물리적 변화가 없었지만, 이대로 1일 1독서를 중단하기에는 그동안의 노력과 다시 채워진 에너지가 아까웠다. 그래서 기한 없는 1일 1독서를 계속하기로 했다. 그것이 이 글을 쓰고 있는 오늘까지 1년하고도 10개월이 지나며, 총 530여 권의 녹서를 이어가고 있다. 나의 평생 독서량을 넘어서는 전무후무한 기록을 확인하며, 다시 살기 위해 참 간절한 시간을 보냈다는 것을 알 수 있었다.

번아웃 극복을 위한 최고의 처방은 독서

독서가 번아웃을 극복하는 데 도움이 되었냐고 묻는다면, 한 치의 망설임 없이 '그렇다'고 대답할 수 있다. 좋아하는 종류의 책부터 시작하여 독서량이 늘어날수록 인문·사회·경제·과학·철학 등 다양한 분야의 책을 읽게 된다. 시야를 넓혀 갈수록 자신이 얼마나 편협하고 무지했는지 알아차리게 되면시 내면의 성장을 경험할 수 있다. 또한, 1일 1독서는 번아웃뿐만 아니라 심리적으로 힘든 상황에 있다면 누구에게나 권하고 싶다. 같은 책을 읽더라도 자신의 상황에 따라 받아들여지는 내용과 깊이가 달라지고, 새롭게 자신을 알아가는 시간이 될 수 있다. 1일 1독서를 효율적으로 할 수 있는 네 가지 방법을 제안한다.

첫째, 가장 읽고 싶은 책, 지금 필요한 책으로 먼저 시작하는 것이 좋다.

'시작이 반이다'라는 말처럼 어떤 책을 선택하는지에 따라서 책에 대한 흥미와 지속가능성이 달라진다. 간절한 마음으로 읽은 첫 책이 마음에 깊이 와닿는다면, 다음 책 역시 기대를 할 수밖에 없다. 그리고 책을 읽는 시간이 숙제가 아닌 즐거움이 될 수 있다.

둘째, '매일' 책을 읽는 것이 핵심이다.

단 몇 페이지라도 매일 자신의 내면에 영양분을 제공할 수 있는 시간을 가져야 한다. 반드시 책 한 권 또는 특정 분량을 설정하지 않아도 된다. 여러가지 책을 돌려가면서 읽더라도 독서 습관을 이어가는 것이 중요하다. 그래야 내면의 정체된 생각과 기운들을 비워내고, 새로운 생각과 에너지를 채우는 시간을 이어갈 수 있다.

셋째, 전자책 읽기를 추천한다.

독서량이 늘어날수록 종이 책 구입에 대한 비용부담이 커진다. 서점이나 도서관을 가서 무료로 읽을 수 있지만, 날씨나 건강 컨디션에 따라서 이동에 대한 부담이 생긴다. 그렇게 되면 오늘 하루만 제외하자는 생각이 들고, 결국 매일 독서를 하는 습관을 만들 수 없다. 그래서 언제 어디서든 스마트폰 하나면 책을 읽을 수 있는 전자책을 우선으로 하고, 종이 책을 같이 활용하면 된다.

넷째, '반드시 독서 후기를 기록'해야 한다.

그동안 읽었던 책들의 내용을 다 기억할 수는 없다. 인간의 뇌는 바로 사용하는 기억을 제외하고는 무의식 공간에 저장되기 때문이다. 기억을 믿지 말고 기록을 통해 재확인해야 한다. 책을 읽었던 그날의 감정과 상황, 마음에 와닿았던 문장 등 자기만의 생각들을 더해서 인사이트를 남겨두는 것이 좋다. 시간이 지나 자신이 기록한 내용을 다시 읽어볼 때면, 과거의 나와 지금의 나를 마주할 수 있는 연결고리가 되어 준다. 그리고 만약 독서와 글쓰기를 통해 작가가 되고 싶은 꿈에 도달한다면, 지난 기록들이 좋은 소재가 되어줄 것이며 인용문이 필요할 때 활용하기에도 좋다.

이 방법들은 내가 모두 실천해 보고 가장 효과적이었던 것들을 요약한 것이다. 하루 몇 분에서 몇 시간씩 규칙적으로 책을 읽는 것을 습관화 하다 보면, 변화되는 자신을 만날 수 있다. 그래서 더욱 독서의 힘을 믿어 보라고 다시 한번 강조하는 것이다.

PART 3
번아웃 리부트 가이드

❶ 번아웃 극복을 위해 운동을 시작하라

만성 스트레스와 무기력으로 나약해진 육체를 되살려야 한다.

천천히 걷는 것부터 시작해 보자.

❷ 자신에게 맞는 미라클 모닝을 실천하라

건강하고 행복한 삶을 위해 미라클 모닝을 실천해 보자.

시간대가 맞지 않는다면 미라클 나이트도 괜찮다.

❸ 묵혀둔 버킷리스트를 실천하라

'언젠가 하면 좋겠다'고 생각했던 목록들을 지금 실천해 보자.

더 이상 미뤄둘 이유가 없다.

❹ 쓸모없는 배움은 없다

새로운 일을 시도하고 리스킬링과 업스킬링으로 새로운 기회를 잡아라.
번아웃에서 벗어나는 길은 새로운 지식과 기술을 통해 자신만의 가치를 재발견하는
것이다.

❺ 번아웃의 특효약은 독서다

좋아하는 종류의 책부터 시작하여 매일 책을 읽어라.
마음에 와닿는 문장에 자신의 생각을 더해서 기록으로 남겨두고 내면의 변화를 지
켜보자.

PART 4

번아웃 승화
: 삶에 대한 고찰

BURNOUT!

"살고자 한다면 삶을 내버려두라.
분열과 혼란에 대한 최상의 방책은
그것이 지나가도록 놔두는 것이다.
그러면 저절로 안성을 찾게 될 것이다."

— 발타자르 그라시안

1

삶에 대한 고찰

"

"풀어서 풀릴 수 있는 것은 괴로움이 아니요,

참고 기다려서 해결되는 것이면 고통이 아니더라.

세상 살아가면서 곤란이 없기를 바라지 말자."

양순자, 『어른 공부』

이번 파트에서는 책을 통해 깨달은 것과 생각의 변화들에 대해서 구체적으로 이야기해보려고 한다. 그 첫 번째로 책을 통한 삶에 대한 고찰에 대한 이야기이다.

사람의 성격을 하나로 정의할 수 없는 이유, 지금 보고 있는 사람이 다른 사람에게도 동일하게 비칠 것이라고 생각할 수 없는 이유는 바로 페르소나 때문이다. 고대 그리스의 언극에서 가면을 바꾸며 다른 사람을 연기했던 것에서 유래한 페르소나처럼 현대에서도 장소나 상황에 따라서 사람들은 각기 다른 모습과 태도를 보여준다. 각자가 가신 여러 가지

페르소나 중에서 하나씩 꺼내어 써보고, 그것이 자신을 해치지 않고, 자존감을 지켜줄 수 있는 것인지를 분별해 낸다. 그렇다면 지금 '내가 원하는 페르소나는 무엇인가?'

진짜 어른의 인생 조언

번아웃을 겪으며 읽었던 책들 중, 진정한 어른에게서 삶에 대한 생각을 전해들은 것 같았던 책이 있다. 바로 양순자 작가의 『어른 공부』이다. 이미 고인이 되신 양순자 선생님은 죽음이 맞닿아 있는 순간까지도 본인이 떠나고 세상에 남을 소중한 이들에게 힘을 주는 글을 전하고자 이 책을 집필했다. 그 기도는 무기력과 우울감으로 삶과 죽음의 경계에서 방황하던 나에게 닿았고, '다시 살아보자.'라는 생각에 힘을 실어 주었다. 마음이 넓은 사람, 큰 사람은 어떤 사람인지 알게 해준 선생님은 책의 서문에서 이런 말을 남겼다.

"사형수들에게는 아무런 희망도 말해줄 수가 없어. 사형선고를 받아놓고 하루하루 집행을 향해 걸어가고 있는 그들의 삶을 누가 감히 삶이라고 말할 수 있겠냐고. 그것은 불행이요, 절망이야. 그들에겐 내일이 없기 때문이야. 이보다 더 불행한 인생은 없어."

양순자 선생님은 사형수 상담이라는 어려운 일을 30년간 담당하며, 보통 사람들이 누리는 일상이 얼마나 행복하고 감사한 것인지 깨달은 것이다. 사형수도 일반인들도 자신이 언제 떠날지 알지 못하는 것은 동일하다. 그러니 불확실한 미래에 대한 두려움보다 오늘 새로 주어진 하루에 감사하며, 할 수 있는 것들을 찾고 덤으로 하루를 더 살라고 말하는 것이다. 책을 읽는 내내 나는 눈물을 흘렸다. 그것은 사형수들의 안타까운 이야기에 마음이 아프기도 했지만, 저자의 시선에서 그들을 대하고 생각하는 진정한 어른의 마음에 감복하여 눈물이 흐르기도 했다.

"이렇게 불행할 수도 있을까. 태어나면서부터 불행을 깔고 나온 인생. 세상이 그 불쌍한 인생에 또 돌을 던져. 온갖 멸시를 온몸으로 받아내면서 악해질 대로 악해지고 사나워지고 거칠어져. 마치 사형대를 골인지점으로 알고 달려온 사람들처럼 보여."

마지막 문장에 가슴이 미어졌다. 한 인간의 탄생은 생물학적 부모에게서 시작된다. 하지만 가족이라는 울타리에서 사랑과 보호를 받으며 살아가는 사람이 있는 반면, 그 누구의 보살핌도 받지 못한 채 세상의 풍파를 홀로 이겨내야 하는 사람도 있다. 스스로 선택하기도 전에 불행으로 가득한 세상을 마주하는 사람들에게 어떤 희망을 이야기할 수 있을까.

인생이라는 긴 여정 중에 선택할 수 있는 순간은 많다. 그러나 첫 선택의 순간이 너무 어린 나이에 잘못된 방향으로 설정된다면 그것이 자신이 살아갈 수 밖에 없는 길이라고 받아들이지 않을까? 죄를 지은 것은 벌을 받아 마땅하다. 그러나 죄를 짓기까지의 과정에서 그들이 삶을 대하는 태도와 가치를 제대로 마음에 가지지도 못한 채 선택하거나 선택당해야 하는 것들이 주변에 산재해 있다는 것이 안타까울 뿐이다.

비슷한 환경에 처해 있더라도 모두가 같은 선택을 하는 것은 아니다. 그러나 출발 지점부터 패널티를 받은 상황이라면 그 여정이 고될 수밖에 없다는 것을 부정하기 어렵다. 그리고 세상의 불공평과 불평등함, 그 속에서 삶을 시작한 사람들에게 한 가닥 희망의 빛이라도 내리길 바랄 뿐이다. 한편 내가 살아온 환경을 떠올리며 이런 생각도 들었다. 어쩌면 태어나면서부터 주어진 불공평에 대해 '왜'라고 묻는 대신, '어떻게 살아가야 할까'에 집중하는 것이 더 희망적인 방향으로 나아갈 수 있을 것이라고 말이다. 태어난 것은 나의 선택이 아니었다 해도 살아가는 것은 나의 선택이고 의지가 반영될 수 있다. 마치 새로운 페르소나를 꺼내듯 불행하고 불공평 속에 좌절한 내가 아니라, '빨간 머리 앤'이나 '아기공룡 둘리'처럼 새로운 세상에 던져진다면 스스로 삶을 개척하며 새로운 나를 꺼내 보는 것이다.

"풀어서 풀릴 수 있는 것은 괴로움이 아니고, 세상 살아가며 곤란이 없기를 바라지 말라."라는 양순자 선생님의 글을 기억하며, 번아웃의 깊은 골에서 삶에 대해 성찰히는 시간을 가지게 되었다. 그리고 어떻게 살아갈 것인가? 자신의 발자취를 어디로 향하게 하고 싶은가? 그 물음의 답을 찾아가는 것이 인생이라는 생각이 들었다.

2
우리들의
완벽하지 않은 삶을 위하여

,

"'완벽'의 반대말은

'실패나 미완성'이 아니라

그냥 완벽하지 않은 것이다."

김현주(웰씨킴)

　인간은 불완전한 존재로서 완전함을 추구해 가는 삶의 여정 속에 있다. 세계적인 학자와 성공했다고 말하는 사람들도 완전함과 완벽함에 가까이 가고자 노력했지만, 그 누구도 완전해 지거나 완벽했던 사람은 없었다. 그럼에도 인간은 완벽에 대한 집착을 놓지 못해 스스로를 파괴하기도 한다. 나 역시도 집착으로 인한 자기파괴를 경험했기에 완벽에 대한 집념이 얼마나 부질없는지를 알게 되었다.

　완벽하지 않은 것이 실패와 낙오, 부족함과 결핍으로 해석된다면 이 세상 그 누구도 만족스러운 삶을 살 수 없다. 다시 말하지만 우리는 불완전하고 불안정한 인간으로 태어나 완전한 삶에 가까워지기 위해 노력할 뿐이다. 잘하고자 하는 열정과 의시는 가지되 때로는 실수나 부족한 결과를 만들어도 노력의 과정 만큼은 스스로 인정해줘야 한다. 그리고 하나씩 더 보완하며 성장해 가면 비록 완벽하지 않아도 어제보다 나은 오늘의 나를 만나게 되는 것이다.

집을 짓기 위해 벽을 쌓았는데 몇 장의 벽돌이 조금 삐뚤어진 것을 본다면, 그 벽을 다시 허물 것인가? 우리는 그럴 수 없다는 것을 알고 있다. 아니, 그러지 않아도 된다는 것을 알고 있다. 조금 삐뚤어졌다고 해서 벽이 무너지지 않으며, 주변의 벽돌들이 지지해 주기 때문에 집을 부수고 다시 지어야 할 필요는 없다는 것을 알기 때문이다. 세상 어디에도 1밀리의 오차 없이 지어진 건축물은 없다. 그저 부족한 부분을 인지하고 다음 번 작업에서는 조금 더 완성도를 높여가면 된다. 이러한 마음으로 건축을 하면 안 되지만, 인생의 건축은 예외가 적용된다. 그러나 완벽을 추구하는 사람들은 잘 쌓은 벽돌보다 삐뚤어진 벽돌에 매몰되어 자책하고 집착한다. 나 역시도 보기 좋게 지은 건물 속에서 부족한 점을 애써 찾아내어 스스로를 능력이 부족한 사람이고 질책하며, 완벽하기 위해 노력했다. 그럼에노 지금까지 나는 한 번도 완벽해 본 적이 없었다. 그것은 부질없는 바람이었다.

149

『반 고흐, 영혼의 편지』에서 빈센트 반 고흐는 이렇게 말했다. "새들에게 털갈이 계절이란 어떤 의미가 있을까? 자신의 깃털을 잃는 시기라고 할 수 있겠지. 사람에게 비유하자면, 실패를 거듭하는 불행하고 힘겨운 시기라고 할 수 있을 것 같다."

우리가 알고 있는 세계적인 화가 반 고흐는 생전에 그림 한 점 팔기 어려웠을 정도로 자신의 작품에 대해 인정받지 못했다. 그럼에도 고흐는 언젠가는 작품의 가치를 알아주는 사람이 있을 것이라는 희망을 놓지 않았고, 오로지 자신이 해야 할 일에만 집중했다. 결국 사후에 그의 작품이 인정을 받게 되었지만, 그것은 그가 완벽한 그림을 완성해서가 아니다. 실패를 거듭하며 완벽을 향해 노력한 것들이 그림에 녹아들어 있었기 때문이다. 바로 그 불완전함 속에서 진정성을 발견할 수 있었고, 그래서 작품이 더 위대하게 보이는 것일지도 모른다.

완벽을 추구하다 보면 자연스러움을 잃게 된다. 실수를 두려워하며 안전한 선택만 반복하다 보면, 오히려 평범함에 머물게 된다. 고흐는 완벽함보다는 자신만의 색깔을 표현하는 데 집중했고, 그 결과 세상에 단 하나뿐인 독창적인 작품을 만들어낼 수 있었다. 우리의 인생도 마찬가지다. 완벽한 계획, 완벽한 준비, 완벽한 결과를 기다리다 보면 정작 중요한 것을 놓치게 된다. 지금 당장 시작하는 불완전한 첫걸음이 완벽한 계획보다 더 큰 가치를 만들어낼 수 있다.

빠르게 성공하고 싶고, 쉽게 성취하고 싶은 인간의 욕심. 완벽해지고 싶은 욕망으로 인해 요동치는 감정의 롤러코스터 속에서 인간은 고뇌한다. 그러면서 풍요보다 결핍을, 가지고 있는 것보다 잃은 것과 갖지 못한 것에 더 집착하기도 한다. "이것만 가지면 삶이 더 행복할 것 같은데, 더 완벽해질 것 같은데…"라고 생각하며 원하는 것을 얻기 위해 매달린다. 그러나 아이러니하게도 막상 원하던 것을 얻고 나면 그 기쁨은 오래 향유하지 못하고, 금세 다른 '원하는 것'을 찾는다. 만족감도 온전히 향유할 여유가 없으면서 어떻게 완전한 삶을 바랄 수 있을까?

번아웃이 내게 준 것은 완벽에 대한 집착을 버리고, 목표를 향한 열정의 노예가 되지 말라는 것이었다. 오히려 그러한 것들이 내가 원하는 행복에서 멀어지도록 하는 것이라는 것도.

3
습관이 된 감정

"행복해질 기회가 올 때마다

그것을 스스로 포기하고,

그저 습관이 된 감정에 머물고 싶어 했다.

자기 파괴적인 감정이

오히려 편하게 여겨졌던 것이다."

박용철, 『감정은 습관이다』

정신의학 전문 용어를 모르더라 해도 자신의 주된 감정을 파악하는 것은 어렵지 않을 것이다. 기쁘고 행복하다는 긍정적인 표현을 주로 하는지, 우울하고 걱정 가득한 부정적인 자주 표현하는지를 생각해 보면 알 수 있다. 습관이 된 감정은 대인 관계에서도 연결된다. 뇌와 연결된 모든 것은 습관으로 이어질 수 있다. 비슷한 생각을 반복하면 행동이 되고, 행동을 반복하면 습관이 되듯이, 감정 역시 반복되면 감정 습관을 만든다.

잘못된 관계의 악순환을 끊어내고 싶다면, 답은 자기 안에서 먼저 찾아야 한다.

나는 어떠한 감정 습관을 가지고 있는가?

수십 년을 반복하며 쌓아온 감정의 습관은 행동만큼이나 바꾸기가 어렵다. 그러나 변화하고자 하는 마음이 있다면, 지금의 감정 습관의 고리를 끊어내겠다고 결심해야 한다. 잠시 익숙한 감정으로 돌아가려 하더라도 다시 정신을 차리도록 노력해야 한다. 감정 습관의 변화는 일상에서 작은 변화로도 느낄 수 있다.

휴대폰을 들고 누워 있다가 얼굴에 떨어뜨렸다고 생각해 보자. 가장 먼저 그 상황에 대해 화가 나고, 짜증이 밀려온다. 그리고는 휴대폰을 제대로 잡지 못한 자신을 바보라고 탓한다. 언짢은 기분은 한동안 풀리지 않고, 휴대폰을 볼 때마다 화가 난다. 그렇다면, 얼마 동안 나는 부정적인 감정에 있었을까?

반대로 생각해 보자. 똑같은 상황에서 감정선을 달리해 본다. 휴대폰이 얼굴에 떨어지면 통증이 느껴지는 것은 변하지 않았다. 그러나 이후의 생각은 나의 선택에 따라 달라질 수 있다. 코가 깨지거나 피가 나지 않은 것을 다행이라고 생각한다. 그리고는 다시 휴대폰이 떨어져서 맞는 일이 없도록 자세를 바꿔 옆으로 눕는다. 이번에는 얼마 동안 부정적인 감정에 머물렀을까? '없었다.' 휴대폰이 떨어진 순간 통증을 느끼는 것은 사실이다. 그러나 이후 부정적인 생각이 들기 전에 오히려 긍정적인 생각으로 전환했다. 크게 다치지 않은 것만으로도 감사하다고 말이다.

이렇게 작은 일상의 감정 조각들이 모여 자신의 감정 습관이 된다. 한 번 화를 내고 스스로를 탓하는 것으로 끝나지 않는다. 그것은 이미 자신이 화를 내는 습관 순서로 굳혀져 있다. 그래서 하루아침에 다른 사람이 된 듯이 180도 바뀔 수 없는 이유는, 바뀐 감정을 유지하는 것이 어렵기 때문이다. 그러나 순간순간 자신의 감성을 알아차리고, 긍정의 감정으로 조금씩 전환하는 노력할 수는 있다. 그렇게 몇 개월 간 감정 습관을 만들어 본다면 스스로 놀라게 될 것이다. 화가 나고 짜증을 낼 수 있는 상황에서도 '괜찮아. 다행이다. 감사하다.'라는 긍정의 습관 표현을 하는 자신을 발견하게 될 것이기 때문이다. 이것은 실제이며, 나의 경험적 사례이다.

한 가지 더 이야기해 보자. 운전을 하다 보면 끼어드는 차량이나 무례하게 말하는 사람들이 있다. 갑자기 끼어든 차량 때문에 사고가 날 뻔한 상황이었지만, 상대 차주는 사과 한마디 없이 가버린다면 어떨까? 상대 차량을 쫓아 가거나, 온갖 욕설들을 내뱉으며 화를 낼까? 과연 욕을 하고 나면 속이 후련해질까? 그렇지 않다. 화의 감정이 가라앉지 않아서 하루 종일 씩씩대며 인상을 구기고, 다른 사람들에게 그 이야기를 전하며 화를 상기시키게 된다.

MC 신동엽은 이런 경우, 화가 나더라도 절대 클락션을 울리거나 욕을 하지 않는다고 한다. 그 이유를 그는 이렇게 말했다.

"저 사람은 못 들어. 그런데 차 안에 있는 나 혼자 욕하고 나만 듣는 거야."

분명 화의 대상은 상대였지만, 그 화의 끝에는 내가 있는 것이다. 화를 내는 목적이 상대를 비난하고, 자신의 기분을 풀어주기 위해서라면, 실패했다는 말이다. 오히려 자신의 기분을 상하게 하여 그날 하루를 버리게 될 수도 있다. 그래서 나는 감정의 화살을 나 자신에게 돌리지 않으려고 노력한다. 운전을 할 때 클락션을 울리거나 욕을 하지 않으려고 하고, 부정적인 감정이 떠오르면 긍정적인 감정으로 빠르게 전환한다. 예를 들어, 상대를 노려보고 욕하는 대신 "안전거리를 유지해서 다행히 사고가 나지 않았네."라고 생각한다. 그리고 나에게 "방어운전을 아주 잘했어."라고 말해주면, 화가 나는 감정이 순간 감사와 칭찬으로 승화된다.

그럼에도 문득문득 지나간 상황이 떠오를 때면 '4-4-4호흡법'을 한다. 그것은 4초간 숨을 깊게 들이 쉬고, 4초간 참았다가, 4초간 내쉬기를 반복하는 것이다. 이는 미국 특수부대에서 위기 상황에서 심리적 균형을 빠르게 회복하기 위해 활용하는 호흡법이라고 한다. 실제로 부정적인 생각이 떠오를 때면 숫자를 세거나 호흡에 집중하는 것이 생각 전환에 도움이 된다. 조금씩 그리고 천천히 습관이 된 감정들을 원하는 방향으로 바꿔갈 수 있다. 그 전에 어떤 방식으로든 자신의 감정 상태를 알아차리고 관리하는 것이 중요하다.

MC 최화정의 "인생은 기분관리"라는 말을 떠올려 보자. 하루하루의 감정과 기분이 모여 인생 전체의 감정이 된다면, 어떤 감정 습관을 가지고 싶은가?

4
감정 쓰레기통이 되지 않기

,

"남이 나에게 준 쓰레기 봉지를

안고 다니지 마세요.

남이 준 걸 받아 지니고 괴로워하면

내 인생이 그 사람의 쓰레기통밖에 되지 않아요."

법륜 스님

사람들은 흘려 들어도 될 일을 오래 담아두고, 새겨들어야 할 일을 금세 흘려 보내는 경향이 있다. 왜 마음에 비수를 꽂는 말은 오래 남고, 마음에 약이 되는 말은 듣기가 싫은 것일까? 어쩌면 우리 마음속에는 청개구리가 있는지도 모른다. 하지 말라는 것은 더하고, 하라는 것은 안 하는 청개구리 심보말이다. 언제까지 좋은 것보다 나쁜 것들을 담으며 살 수는 없는 없다. 그 끝은 청개구리 동화처럼 후회만 남는다.

『붓다, 나를 흔들다』에는 부처가 자신을 험담하는 중생에게 이런 말을 한다. "당신이 나에게 욕을 했는데 그것을 내가 받지 않으면 그 욕은 누구 것이요?"

타인의 부정적 감정을 내가 받아들이지 않으면 그것은 내 것이 아니다. 아무리 독한 말을 하고, 욕을 하더라도 내가 받지 않는다면 그 사람 입만 더러워지는 것이다. 그러나 우리는 타인의 작은 말 한마디에도 상처를 받고, 마음에 담아두며 스스로 감정 쓰레기통이 되기를 자처한다. 안타깝지만, 현실에서는 노력한다고 하루 아침에 부처님과 같이 될 수 없다. 그러나 인생에 닮아가고 싶은 롤모델이 있듯이, 마음을 닮아가고 싶은 마음의 이상향을 가져볼 수는 있을 것이다. 반드시 부처님이나 예수님처럼 특정 종교의 대상을 닮아가라는 것이 아니다. 우리 현실에서 본받을 점이 있는 대상이라면 그 누구라도 마음의 이상향으로 새겨도 좋다. 그렇게 닮아가다 보면, 어느 순간 자신이 그리던 모습과 만나게 될 것이다.

태국에서 '살아 있는 붓다'로 불린 아잔 차(Ajahn Chah) 스님은 "밑바닥에 구멍 뚫린 쓰레기통이 돼라"고 했다. 이는 상대방과 싸울 필요 없이, 타인의 감정 쓰레기를 내 안에 담아두지 말고 바로 배출하라는 것이다. 한국 속담의 "한 귀로 듣고 한 귀로 흘린다."라는 말의 순기능이라고도 할 수 있다. 자신의 생각과 고민만으로도 살아내기 벅찬 인생이다. 타인의 짐까지 떠안으며 내 짐보다 무겁게 버텨낼 필요가 없다. 나를 해치지 않는 선에서 상대의 이야기를 들어주고, 필요한 것은 담아줄 뿐, 그것으로 나의 역할을 다했다고 생각하면 된다. 매일 마음을 비워내기 어렵다면 마음 쓰레기 배출일을 지정하여 마음과 생각을 정화시키는 날을 만들어도 좋을 것이다.

반대로 내가 상대에게 감정 쓰레기를 투척하고 있는지 생각해 볼 수 있다. 하루에 몇 번 나의 감정을 쏟아내었는지 생각해 보자. 특정한 말이나 상황, 혹은 특정한 대상에게 유독 감정을 격하게 표현하는 경우가 있다. 이런 사람들은 자신이 어떠한 상황에 감정에 골이 생기는지 알면서도 감정 쓰레기를 상대에게 던지도록 내버려두는 것이다. 한마디로 감정 방치 상태인 것이다. 감정은 순간 내지르고 나면 기분이 풀리는 것 같지만, 지나고 나면 후회로 돌아오는 경우가 더 많다. 그러므로 타인에게 감정을 전가할 것이 아니라, 자신의 감정이 어디로 흐르고 있는지 스스로 알아차리는 것이 중요하다. 감정이 더 어긋나기 전에 바로잡을 수 있는 기회이기 때문이다.

화에는 중독성이 있다. 화를 낼수록 더 자주, 더 심하게 진화한다. 그러나 독화살을 머금은 감정은 밖으로 화를 내뱉기 전에 내 안에서 시간을 보낸다는 것을 기억해야 한다. 결국 타인을 향하는 화살이 나를 찌른

다음 발사되는 것이다. 그래서 그 누구에게도 좋을 것이 없는 화를 내 안에서 먼저 정화하는 것이 중요하다. 명상을 하거나 참선을 할 때는 '묵언'하라고 한다. 우리가 입 밖으로 내뱉는 말은 대부분 상처주는 말이거나 불필요한 말들이기 때문에 말을 삼가는 것이 낫다는 의미이다. 그동안 내가 했던 말의 가치를 생각해 보면 묵언의 중요성을 깨닫게 된다.

수없이 쏟아낸 말들로 인해 속이 시원했던가?

뱉고 나면 찜찜함이 남아 있지는 않았었던가?

내 기준에서 옳고 그르고, 좋음과 나쁨을 이야기했던 것이 상대에게도 가치가 있었던가?

누군가의 감정 쓰레기통이 되지도 말고, 누군가를 나의 감정 쓰레기통으로 만들지도 마라

번아웃이나 우울증 심리적 불안 상태에서는 자신의 감정을 주체하기 어렵다. 그래서 나 역시 가족과 친구들에게 불필요한 감정을 토해내고는 했다. 그러나 그것들이 결코 후련하지 않았으며, 자다가 이불을 걷어찰 정도로 부끄러운 기억으로 남기도 했다. 그래서 더욱 사람들과 마주하지 않도록 고립을 선택했던 것이다. 자신의 감정을 주체할 수 없다면 차라리 혼자 있어라. 그것이 자신에게도 타인에게도 해가 되지 않는 방법이다.

우리는 주변이 감정 쓰레기통 매립지가 되는 것보다는 편안하게 휴식할 수 있는 나무 그늘이 되도록 해야 한다. 그 속에서는 나도 쉬고 상대도 쉴 수 있다. 미소는 미소로 답하고, 화는 화를 불러온다. 상대방을 자신의 거울이라고 생각한다면, 내가 지금 어떤 표정과 태도를 보이고 있는지 대략적인 파악이 가능하다. "나는 원래 무표정이야."라고 변명하지 말자. 나 역시 상대가 나에게 무표정이길 바라지는 않을 것이다.

'Give & Take.' 밝은 미소와 기운을 얻고 싶다면, 자신이 먼저 그러한 모습을 보여주면 상대방도 자동 반사적으로 되돌려 줄 것이다. 화를 보내고 더 큰 화를 돌려받는 것보다 미소를 건네고 눈웃음으로 돌려받는 것이 낫지 않은가. 그러려면 '나부터' 주어야 한다. 'Take & Give'가 아니라, 'Give & Take'인 이유. 받고 주는 것이 아니라, 주고받는다는 말의 의미, 바로 호의는 '나'에서 시작되기 때문이다.

5

불안을 해소하는 방법

"불안은 본능이다.

진화심리학적으로 인류가 생존과 번식에

유리하도록 발달시켜온 자연스러운 감정이기 때문이다.

불안이 없는 사람은 소시오패스,

심하면 사이코패스와 유사한 특성을 지닌다."

이광민, 『쓸데없는 걱정으로 준비된 체력이 소진되었습니다』

대학교 시절에는 학생들 앞에서 이야기해야 할 때가 많았고, 그때마다 "떨리지 않아. 전혀 긴장하지 않고 태연하게 말을 끝낼 수 있어."라고 자기 암시를 했던 기억이 난다. 그 과정들이 반복되면서 훗날 강사가 되었을 때, 수백 명 앞에서도 준비해 간 내용들을 원활하게 말할 수 있었다. 그러나 지나고 보니 나는 많은 사람들 앞에 서서 이야기하는 것에 긴장감을 느끼지 않는다고 믿었던 것 뿐, 불안을 타고난 성격이라는 것을 알게 되었다. 오히려 과도한 긴장감 속에서 불안해하고, 불안정했기 때문에 다른 사람들에게 숨기기 위해 더 태연하게 표정과 목소리 톤을 안정시키려고 연습했던 것이었다.

독일 심리학자 알프레드 아들러(Alfred Adler)는 "아동기에 트라우마 외상을 경험한 사람들은 자신을 가치 없는 사람으로 생각하는 등 자기 평가가 부정적이다."라고 했다. 나는 이 말에 동의한다. 나는 외부 반응에 민감하게 반응하는 기질을 타고 났다. 내가 태어났을 때 머리 양쪽에 뿔처럼 혹을 달고 나왔다고 한다. 의사는 복중에서 아이가 많이 놀라는 상황이 있었거나, 신경이 예민해져서 그런 것일 수 있다고 했고, 다행스럽게도 1년 즈음 지나면서 서서히 혹은 사라졌다. 그러나 불안에 민감하게 반응하는 기질은 내 안에 여전히 남아 있다.

10대 때는 20대가 되면 마음이 더 안정을 찾을 것이라 기대했고, 20대 때는 30대가 되면 삶의 경험으로 불안감을 이겨낼 수 있을 것이라 생각했다. 그러나 40대가 되어 보니, 불안은 숫자에 비례하여 더 증가된다는 것을 알았다. 마치 불안에 적금을 든 것처럼, 과거부터 현재까지 차곡차곡 이자까지 붙어서 10대 때보다 더 큰 불안을 돌려받았다. 불안감이 커질수록 타인의 인정과 칭찬에 더 연연하게 되고, 성공과 실패라는 이분법적 사고에 갇혀 스스로를 탓하는 날이 더 많아졌다. 실패나 실수에

163

대해 생각을 오해하지 않아야 한다는 것을 알면서도 헤어 나오기란 쉽지 않았다. 잘한 것보다 잘 못한 것에 더 신경이 쓰이고, 실수에 대해 복기하고 반성하는 것을 넘어 자책과 좌절에 이르게 했다. 그렇게 불안의 틈을 비집고 번아웃과 무기력, 우울증 등이 스며든 것이다.

불안에서 벗어날 수 있는 방법은 무엇일까?

술이나 마약, 도박은 그 순간에는 잠시 불안을 잊은 듯 일시적 해방감을 주지만, 정신과 육체를 피폐하게 만들면서 장기적으로는 더 큰 불안을 초래하게 된다.『손자병법』에는 "싸우지 않고 취하는 것이 최상의 전술"이라는 말이 있다. 나는 불안과 싸우는 대신 보다 건전하고 가성비 좋은 불안 해소법을 찾고 싶었다. 그것이 운동이 될 수도 있고, 독서가 될 수도 있고, 명상이 될 수도 있다. 나는 독서를 통해서 마음을 다스리는 법에 대해서 배우기 시작했다.

생각 스위치를 눌러라!

그러다 찾은 것이 '생각 스위치'였다. 생각 스위치는 불안과 공포감이 스며들 때 머릿속에서 스위치를 켜서 생각을 다른 방향으로 전환하는 것이다. 예를 들어, 기분 좋은 기억이나 계획이 잘 실행되었을 때의 상황을 상상하는 것이다. 번아웃의 끝사락에 있을 무렵부터 생각 스위치를 통해 불안감과 부정적인 생각에서 벗어나는 연습을 시작했다. 처음에는 생각 스위치를 누르는 것을 잊고 불안을 따라가기도 했다. 그러나 곧 생각의 흐름을 알아차리고 다시 생각 스위치 눌러 불안한 감정을 다른 생각으로 전환하는 것에 익숙해졌다. 그리고 점차 내 안에서 비롯된 불안의 강도와 빈도가 약해지기 시작했다. 살면서 이렇게 마음이 평온한 상태를 오래 지속해 본 적이 없었기에 그 효과에 대해 놀라면서도 감사하게 받아들이고 있다. 만약 생각이 많고, 불안이 자주 엄습해 온다면 '생각 스위치'를 활용해 보기를 권한다. 불안이 느껴질 때 머릿속에 가상의 스위치를 떠올리고, 기분이 좋아지는 장면이나 생각으로 전환하는 순간 불안으로부터 해방되는 것을 경험을 할 수 있을 것이다.

불안을 가만히 지켜보라!

'생각 스위치'가 익숙해졌다면, 이제는 한 단계 더 진화하여 불안을 대처할 수 있다. 바로 불안을 가만히 지켜보는 것이다. 이때는 생각 전환처럼 다른 감정과 생각들을 떠올리지 않고, 그저 가만히 지켜보면서 불안의 감정과 그로 인해 떠오르는 것들을 개입 없이 지켜보면 된다. 이전에는 불안을 마주할 자신이 없었지만, 이제는 그 힘이 생긴 상태이므로 충분히 지켜볼 수 있다. 그리고 불안에 대해 하나씩 알아가게 된다. 불안감을 조성하는 것들의 대부분은 상상에서 비롯된 것으로 현실에서 일어날 가능성이 낮다. 말도 안 되는 불안, 현실 불가능한 불안, 변하지 않을 사실에 대한 불안 등 각각의 이유로 마음을 휘저었던 불안들은 동요하지 않으면 자연스럽게 사라진다. 마치 불안 놀이를 하다가 놀아줄 친구가 없어진 것처럼, 불안은 혼자 놀지 못하고 내면 깊은 곳에 있는 집으로 돌아가게 된다.

  그렇게 불안을 보내고 나면 이런 생각이 들 것이다. '불안 별거 없네.'
  이제 불안이 문을 두드리거든 불안과 함께 감정 파도를 타지 않고, 불안이 지쳐서 놀아갈 때까지 가만히 지켜보기로 하자.

6
스트레스와 면역력
그리고 수면의 관계

,

"'죽는 날이 내가 잠드는 날이다'라는

오래된 좌우명은 한심스럽기 그지없다.

그런 마음 자세를 지닌다면,

더 일찍 세상을 뜨게 될 뿐 아니라

가뜩이나 짧아진 삶의 질도 더 나빠질 것이다."

매슈 워커, 『우리는 왜 잠을 자야 할까』

번아웃 이전부터 쌓여 왔던 스트레스가 만성으로 자리를 잡으면서 수면부족과 소화장애 그리고 면역력 저하로 염증 수치 위험 단계까지 이른 때가 있다. 처음에는 '괜찮겠지' 하며 무시했지만, 어느 순간 "어, 왜 이러지?" 하는 생각이 들었다. 그리고 신체 리듬이 예전과 확실히 달라진 것을 인지했을 때는 이미 정신 뿐만 아니라 육체 건강에도 이상이 생긴 상태였다. 역시 건강은 한번 잃으면 되돌릴 수 없다는 말이 맞았다. 무너지기 전에 잘 유지하는 것이 최상의 건강 관리법이지만, 건강을 돌보지 못한 것에 대한 대가는 예상보다 컸다. 육체와 정신은 상호보완적으로 한 가지가 무너져도 남은 한 가지 힘으로 회복할 수 있다. 그러나 육체와 정신이 모두 무너져 버리면 회복은 장기전을 생각해야 한다. 3년이 될지 5년이 될지 그 누구도 장담할 수 없는 지독한 싸움이 시작되는 것이다. 그러므로 있을 때 잘 지켜야 한다.

어떻게 하면 면역력과 수면의 질을 향상시켜서 건강한 삶을 유지할 수 있을까? 지금부터 그 방법을 이야기할 것이다.

『운동의 뇌과학』에서는 "염증은 면역세포가 감염으로부터 신체를 보호할 때 나타나는 반응이며, 염증은 뇌를 포함한 모든 신체 부위에서 생길 수 있다"고 했다. 나는 지난 몇 년간 급격하게 건강이 나빠지면서 여러 가지 증상들을 겪어왔고, 낮은 면역력과 높은 염증 수치로 인해 고생했다. 우울감과 무기력, 피부질환, 위와 대장 통증들은 염증과 면역력과 무관하지 않았다. 단순히 외상 염증으로만 생각했던 것들이 실상은 장기와 세포 내에도 염증이 심각하게 퍼져 있었던 것이다. 정신의 스트레스에서 시작된 것이 육체까지 영향을 미친 것이다. 한번 저하된 면역력은 쉽게 회복되지 않았고, 3년 넘게 면역력 결핍 관련 질환들로 인해 병원 치료를 받고 있다.

면역력 회복을 위한 첫 단계는 식단조절과 운동을 병행하는 것이었다. 주 5일 이상 걷기와 가벼운 근력 운동을 통해 체력을 향상하고, 몸에 해로운 인스턴트나 튀김, 당이 높은 음식을 자제하니 조금씩 몸속 노폐물이 빠지면서 혈액 순환도 좋아졌다. 그 결과 체지방 저하와 면역력 상승으로 이어졌다. 그리고 잦았던 위경련과 피부 알레르기 반응들이 줄어들고, 황반변성이 심했던 눈 흰자도 조금씩 나아지고 있다. 면역력이 무너졌다는 것은 이미 건강 상태가 최악에 다다랐다는 의미이기에 몇 년에 걸쳐 망가뜨린 정신과 육체의 건강을 단 몇 달 만에 회복한다는 것은 욕심이다. 새로 심은 씨앗에 물을 주듯 몸을 새로이 만든다 생각하며 매일 지켜나가는 것이 중요하다.

잘 자는 것이 최고의 보약이다

그리고 스트레스와 면역력 관리를 위해서는 수면도 중요하다. 사람마다 수면 패턴이 다르다. 어떤 사람은 베개에 머리만 대어도 곧장 잠에 빠져들고, 어떤 사람은 잠드는 것이 곤욕일 정도로 밤새 뒤척이거나 선잠에 든다. 잠을 잘 자는 것도 복이라고 할 정도이다. 이는 자신의 수면 패턴을 이해하고 생활 습관을 개선하면 충분히 누릴 수 있는 복이다. 나의 경우, 수면 시 자주 깨어 깊은 수면에 들지 못하고, 자각몽과 같은 꿈을 많이 꾼다. 그로 인해 자고 일어나도 항상 온몸이 뻐근하고 머리가 묵식

한 느낌으로 일상이었다.

수면의 질을 개선하기 위해서 가장 먼저 해야 할 것은 자신의 특성을 이해하고, 수면 패턴을 알아보는 것이다. 예를 들어, 하루 일과를 기상부터 취침시간까지 일주일간 체크해 보자. 그러면 평일과 주말 등 기상과 수면 시간이 일정하지 않다는 것을 확인할 수 있을 것이다. 주로 밤 시간대에 음주로 인한 수면 장애를 겪거나, 걱정이나 영상 시청으로 늦게까지 잠을 못 자는 경우는 관리가 필요하다. 이런 습관은 기상 시간은 동일한데 수면 시간이 줄어드니 건강이 나빠질 수밖에 없다. 그것이 오래 지속될수록 더 예민해지고, 불면증에 시달리게 된다. 생각하는 것을 줄이든 영상을 보는 것을 자제하든 수면 시간을 지키는 연습을 해야 한다. 연습이 반복되면 습관이 되고, 습관이 반복되면 건강한 수면으로 이어진다.

부족한 잠을 보충하기 위해 한 번에 몰아서 12시간 이상 잠을 자는 경우도 있다. 그러나 수면의 균형이 깨지면 불면과 몰아서 잠을 자는 것을 반복할 수 밖에 없는 악순환이 이어진다. 18~64세의 성인이라면 하루 7~9시간의 수면과 정기적인 운동을 해야 한다. 뇌가 적절하게 쉬는 시간을 갖지 못하면 망각이나 집중력 저하 등의 증상이 일어나고, 장기적으로 이어지면 치매나 신체기능 저하까지 발생할 수 있다. 규칙적인 수면 시간과 반복적인 운동을 통해 불안과 공황장애 등의 심리적 증상까지 완화시킬 수 있다고 한다. 그러므로 운동과 함께 수면 시간을 지키는 것에도 신경을 써야 한다.

젊을 때는 젊음을 모르고, 함께 있을 때는 소중함을 모른다. 부모님도, 친구도, 지인들도 소중하지만, 태어나서 죽을 때까지 함께하는 평생 친구인 '나'라는 존재가 제일 소중하다. 그러므로 80년 이상 함께해야 할 '나'를 잘 관찰하고 돌봐야 할 의무와 책임이 있다. 자신의 심신의 불안정을 치유하기 위해 노력해야 하는 이유이기도 하다.

7

끌어당김의 법칙,
생각은 현실이 된다

,

"Thoughts become things!

You can attract whatever you want!

생각은 현실이 된다.

당신 원하는 것은 무엇이든 끌어당길 수 있다."

론다 번, 『The Secret 시크릿』

번아웃을 겪는 동안 가장 많이 읽었던 책은 『The Secret 시크릿』이다. 스물네 살, 갓 사회에 나와 커리어에 대한 포부를 다짐할 즈음 끌어당김의 법칙에 대한 책이 세계적으로 인기를 끌었다. 10대 시절 읽었던 『영혼을 위한 닭고기 수프』를 통해 처음으로 "생각하는 대로 이루어진다."라는 의지력에 대한 메시지가 강했다. 책의 의미를 실천하기 위해 어린 시절 때를 떠올리며, 다시 한 번 목표를 생각하고 실행 과정을 한 단계씩 지나다 보니 많은 부분에서 원하던 방향대로 이루었다. 그래서 생각의 힘에 대해 더욱 강한 믿음이 생겼고, 『The Secret 시크릿』 책과 더불어 영상까지 반복해서 보았다.

20대 초반 이 책을 처음 접했을 때는 해외 유학을 꿈꾸며 원서를 구매하여 한 단어씩 찾아보며 책을 탐독했다. 영어 실력이 부족하다 보니 책한 권을 읽는 데는 오래 걸렸지만, 다행히 한글 번역이 된 영상을 보면서책의 내용도 함께 이해할 수 있었다. 책에 자주 언급되는 철학자이자 심리학자인 찰스 하넬(Charles Hannel)은 이미 100여 년 전에 끌어당김의 법칙에 대해서 말했다.

"The predominant thought or the mental attitude is the magnet, and the law is that like attracts like, consequently, the mental attitude will invariably attract such conditions as correspond to its nature." 즉, 주된 생각이나 마음가짐은 자석처럼그에 관련된 환경으로 이끈다는 것이다. 생각의 주파수를 원하는 곳에맞추어 달린 덕분에 나의 20대는 열정과 패기로 하고 싶은 일들은 마음껏 도전하며 보낼 수 있었다.

다시 만난 『The Secret 시크릿』

　10여 년이 지나 번아웃이라는 이름 아래 숨어 있으면서 다시 이 책을 꺼내 들게 되었다. 꿈과 목표의 열정이 사라지고, 에너지가 고갈된 상태에서 운명처럼 다시 만나게 된 것이다. 한국으로 돌아와 옛 짐들을 정리하면서 『The Secret 시크릿』을 보자 패기 넘쳤던 예전의 모습들이 주마등처럼 스쳐 지나갔다. 이 책을 읽고 있을 때의 상황과 감정들이 복합적으로 다시 떠올랐다. 그러나 무기력함에 파묻혀 책을 읽을 마음조차 없었기에 책장에 꽂아둔 채 1년이 훨씬 지난 후에야 다시 읽게 되었다. 삶에 대한 의지와 잘 살아 보겠다는 마음이 생긴 시점이었다.

　매일 아침 기상하고 제일 처음 하는 것이 이 책을 읽는 것이었다. 나에게는 『The Secret 시크릿』은 성경책이나 불경책처럼 마음의 평안과 번뇌를 내려놓을 수 있는 책이었다. 세 달 넘게 매일 아침마다 읽다 보니 곳곳이 헐어서 떨어지기 시작했다. 다시 일어서겠다는 마음이 절실하다는 것을 찢어진 책을 보면서 알 수 있었다. 그렇게 테이프로 한 장 한 장 붙여가면서 100번을 넘게 읽었다. 덧댄 테이프만큼 책의 두께는 부풀어 올라서 절판된 책을 구입하기 위해 중고 서점들을 둘러보다 한 권 남아 있던 책을 찾을 수 있었다. 손길이 느껴지지 않는 새것과 같은 중고책은 오히려 이질감이 느껴졌다. 마치 복제품이 원래의 것을 대신할 수 없듯이 그것에 대해 쏟은 마음이 동일하지 않았기 때문이다.

　인생 책이라는 것은 그 책을 처음 접하던 그 시절의 나를 만나는 것이다. 그때의 상황과 생각, 감정들이 복합적으로 얽혀 더욱 상징적인 의미로 새겨지는 것이다. 특정 장소를 가면 함께했던 상대와 그때의 향기, 기분이 다시 떠올라 그 시절로 돌아간 듯 느끼게 되는 것처럼 말이다. 사회 초년생 시절 읽었던 이 책과 40대에 번아웃을 극복하기 위해 읽은 이 책은 나의 성장과 고통의 인생 스토리가 묻어 있다는 생각이 들었다. 15년이 넘는 긴 시간을 돌아 다시 읽은 책 덕분에 조금씩 삶에 대한 희망을 품게 되었고, 다 타버린 듯했던 정신과 마음에도 새로운 싹이 돋아났다. 이 책을 처음 읽었던 20대처럼 패기와 열정이 같을 수는 없을지라도 그동안의 인생 경험과 성숙함으로 제 2의 삶을 살아보자고 다짐했다.

　요즘은 어떤 생각을 주로 하는가?
　마음이 답답하다면, 가장 좋아하는 책을 다시 한번 읽어 보라.
　새로운 깨달음을 얻을 수 있을 것이다.

PART 4
번아웃 리부트 가이드

❶ 풀어서 풀릴 수 있는 것은 괴로움이 아니다

번아웃이라는 시련과 고통을 부정하지 마라.

진정한 회복은 어려움을 피하는 것이 아니라, 그 속에서 깨달음을 얻는 것에서 시작
된다.

❷ 완벽에 대한 집착을 버리자

완벽하지 않음을 실패로 받아들이는 순간, 우리는 끝없는 자기비판의 늪에 빠진다.

완벽하지 않아도 괜찮다는 것을 받아들이는 순간, 진정한 자유가 시작된다.

❸ 감정 습관을 점검하라

나는 어떠한 감정 습관을 가지고 있는가?

오늘의 감정과 기분을 원하지 않는 방향으로 흘러가도록 내버려두지 마라.

❹ 주기적으로 감정 분리수거를 하라

누군가의 감정 쓰레기통이 되지 말고,

누군가를 나의 감정 쓰레기통으로 만들지도 마라.

❺ 불안할 때는 생각 스위치를 눌러라

의식적인 사고 전환으로 불안의 악순환을 끊어라.

기분 좋은 기억이나 계획이 잘 실행되었을 때의 상황을 상상하라.

177

PART 5

번아웃 극복
: 다시 일어서는 순간

BURNOUT!

"어떤 삶에도 햇빛이 닿으면
그늘지는 부분이 생기잖아요.
그늘을 끌어안아야
삶이 완성된다고 생각합니다."

— 장명숙, 이경신, 『오롯이 내 인생이잖아요』

1

글을 쓰면
'진짜 나'를 만날 수 있다

,

"세상에 짓는 건축물은 아무리 잘 지어도

언젠가는 무너지고 사라진다.

하지만 우리 마음에 지은

정신적 건축물은 오래 남는다."

달라이 라마, 『행복한 삶 그리고 고요한 죽음』

번아웃이 과연 고통과 시련으로만 다가왔을까?

되돌아보니 그렇지 않았다. 어둠의 시간은 분명 괴로웠지만, 동시에 내면 깊숙한 곳에 숨어 있던 진짜 나를 만날 수 있는 기회이기도 했다. 고통스러운 시간 동안 나는 이전에 보지 못했던 것들을 보기 시작했다. 성공과 인정에 매달리며 놓치고 있던 소중한 것들, 진정으로 원하는 삶의 모습, 그리고 내 안에 잠들어 있던 자생력까지. 번아웃은 표면적으로

181

는 좌절하고 무너지는 듯 보이지만, 실질적으로는 자신을 단단하게 다시 쌓아가는 시간이었다.

번아웃을 겪는 사람들에게 글쓰기를 권하는 이유는 단순히 스트레스 해소를 위해서가 아니다. 글쓰기는 혼란스러운 감정의 소용돌이 속에서 자신을 객관화하고, 내면의 목소리에 귀 기울일 수 있는 가장 확실한 방법이기 때문이다. 번아웃 상태에서는 모든 것이 뒤엉켜 보인다. 어제까지 당연했던 일상이 갑자기 무의미하게 느껴지고, 앞으로 나아갈 방향을 잃게 된다. 이때 글쓰기는 마치 안개 낀 길에서 손전등을 켜는 것과 같다. 한 번에 모든 것을 밝혀주지는 못하지만, 최소한 한 걸음 앞은 볼 수 있게 해준다. 내가 매일 독서 후기를 쓰고, 미라클모닝 경험을 기록했던 것도 이런 이유에서였다. 글을 쓰는 동안 만큼은 혼란스러운 생각들이 정리되었고, 무기력했던 날들 속에서 긍정의 이야기를 찾아내고 있었다. 글쓰기는 '오늘도 살아냈다'는 증거이자, '내일도 살아낼 수 있다'는 희망이 될 것이다.

'자생력(自生力)', 나를 지키는 힘

사람은 힘든 상황이 와도 살 수 있는 길을 스스로 찾아 나가는 능력이 있다. 그것을 '자생력(自生力)'이라고 한다. 고통이 지유되기기까지 얼마의 시간이 소요될지는 누구도 알 수 없지만, 일말의 회복 가능성이 있다면 그 속에서 자생력이 꽃을 피울 수 있다. 나에게 글쓰기는 바로 이 자생력을 키워가는 과정이었다. 처음에는 단순히 정보를 공유하려는 목적으로 시작했지만, 시간이 지나면서 글쓰기 자체가 내적 치유의 시간이 되었다. 그 시간들이 블로그라는 공간을 통해 기록으로 남아 있기에 번아웃에서 나를 다시 구해내는 과정을 확인할 수 있었던 것이다.

글을 쓰는 것은 자신의 생각을 밖으로 꺼내어 눈으로 확인하고, 다시 마음으로 돌려보낸 뒤 정리하는 과정의 반복이다. 이는 우리가 어린시절 일기장 숙제를 하면서도 경험했던 과정이다. 그러나 나이가 들면서 일기장을 써야 하는 의무가 사라지니 "어제는 무슨 생각을 했고, 어떤 것을 느꼈으며, 내일은 무엇을 할지" 내면을 들여다 보는 것도, 자신의 이야기를 듣고 쓰는 것도 어색해진 것이다. 그렇게 점차 나의 이야기보다 타인의 이야기를 듣는 것에 익숙해지고, 결국에는 나와의 대화가 단절되어 나를 알아차릴 수 없게 된다. 그러나 번아웃으로 고뇌하는 시간 동안 글쓰기를 다시 시작한다면, 자신의 끊어진 내면을 연결하여 더 깊은 심연의 이야기를 들을 수 있는 기회를 얻을 것이다.

글쓰기에 부담을 가지지 않아도 된다. 완벽한 글을 쓸 필요는 없다. 문체나 구성이 어색해도 괜찮다. 중요한 것은 자신의 내면과 솔직하게 마주하고, 그것을 언어로 표현해 내는 용기다. 그 과정에서 자생력이 깨어

나고, 마음을 글로 표현해 내는 능력도 향상된다. 2년 가까이 매일 블로그에 글을 써오면서 경험한 가장 큰 변화는 관점의 다각화였다. 내 안에 갇혀 있던 하나의 생각을 글로 풀어서 써보고, 다시 읽으면서 새로운 생각들을 입히며 다양한 관점으로 보게 된다. 그러다 보면 문제를 바라보는 시각이 성숙해지는 것을 확인할 수 있다.

글쓰기는 고립감을 허무는 강력한 힘이다

번아웃을 겪는 사람들이 힘들어하는 것 중 하나기 고립감이다. 아무도 내 상황을 이해하지 못하니 혼자서만 이 어려움을 감당해야 한다는 생각에 더욱 좌절하는 것이다. 하지만 글쓰기를 해보면 이러한 고립감을 깨뜨리는 강력한 도구가 된다는 것을 알 수 있다. 부동산 경매 관련 수업을 듣고 배운 것을 블로그에 올리고, 또 미라클모닝 100일 도전기를 올리고, 매일 독서를 하며 1일 1독 후기를 올리는 과정으로 진화하며 고립감은 서서히 무너지고 공감과 응원이 함께했다. 글쓰기는 개인적인 치유의 도구이면서 동시에 사회로 다시 연결되는 매개체가 되었다. 내 이야기를 공유하기도 하지만, 비슷한 경험을 한 사람들의 이야기를 통해 번아웃의 사슬에서 서서히 풀려날 수 있었다. 나는 정신과 육체의 건강과 경제적 안정, 사회 공헌이라는 풍요로운 삶을 지향하며 'Wealthy 웰씨킴'이라는 블로그를 시작했다. 현재는 아니지만 앞으로 살아가고 싶은 이상을 담아 새로운 페르소나를 만든 것이다. 그 결과 블로그는 현재까지 5,800여 명의 이웃이 함께하는 자기계발 및 독서인사이트 전문 블로그로 성장했다. 나는 그렇게 조금씩 글을 쓰며 세상 밖으로 나왔고, 사회에서 내가 할 수 있는 일과 하고 싶었던 일들을 해나가고 있다. 번아웃에 물들어 막막한 지금의 모습이 싫다면, 새로운 정체성, 페르소나를 꺼내 보기를 바란다.

해가 뜨면 달이 지고, 달이 뜨면 해가 지는 것처럼 우리의 인생 역시 밝은 날과 어두운 날이 떠오르고 지기를 반복한다. 밝은 날에는 활기차게 나아가 보고, 어두운 날에는 잠시 걸음을 멈추고 숨을 고르면서 고요 속에서 삶이 다시 빛나기를 기다려도 된다. 반드시 해는 뜨고 질 테니까. 자신의 생각과 감정을 글로 표현하며 변화의 과정을 지켜보기 바란다.

2
스친 인연에게서
선물 받은 일자리

,

"어쩌다 성공했다고?

그런 일은 없다.

좋은 하루는 저절로 찾아오지 않듯이

성공은 절대 저절로 찾아오지 않는다."

브라이언 트레이시, 「행동하지 않으면 인생은 바뀌지 않는다」

앞에서 나는 여러 교육과정을 수강하며 쓸모없는 배움은 없다는 말을 했었다. 그 이유를 이제 설명하려고 한다. 번아웃을 극복하는 과정에서 새로운 커리어를 모색하기 위해 공공기관 면접평가위원 교육을 수료했었다. 취업컨설팅 경력을 활용해 면접관으로 참여하여 지원자들을 평가하는 일을 도전해 보기 위한 것이었다. 하지만 면접관 경험이 없어서 첫 기회를 얻기도 쉽지 않았다. 그러다 우연히 면접관이 아닌 서류평가위원 일자리를 소개받았다. 그 기회는 스쳐갈 수 있었던 사람이 긴넨 호의에서 시작되었다.

그 인연은 면접평가위원 심화 교육을 받았던 때 시작되었다. 번아웃 중후반 즈음의 시기로 여전히 대인기피증이 남아 있어서 같은 조원들과 간단히 인사만 나눴었는데, 기억에 남는 사람이 한 명 있었다. 그녀는 제대 군인 취업지원사업과 대학생 취업교육을 주로 맡고 있다고 했다. 30대 초반으로 보이는 생기 있는 얼굴과 자신감이 묻어나는 말투, 그리고 적극적인 태도가 인상적이었다. 면접평가위원으로 활동하고 있지만, 새로운 정보들을 얻기 위해 교육을 신청했다는 것만으로도 일에 대한 열정을 느낄 수가 있었다. 많은 이야기를 나누지는 않았지만, 취업컨설턴트라는 업무 공감대가 있었기에 더 가깝게 느껴졌다. 그리고 긍정적인 마인드로 사람을 편안하게 해주어 대화가 부담스럽지 않았다.

띵동! 메시지가 도착했습니다

교육이 끝나고 집으로 가는 지하철 안, 채팅 메시지가 왔다. 바로 함께 교육을 들었던 그 컨설턴트였다. "안녕하세요. ○○○선생님. 오늘 면접평가위원 수업 같이 들었던 ○○○ 컨설턴트입니다. 만나서 반가웠습니다. 다음에 또 만나 뵙게 되면 인사드리겠습니다^^" 정중하면서도 배려심이 느껴지는 내용에 고마운 마음이 들어 답장을 보냈다. "오늘 좋은 기회로 만나 뵙게 돼서 아주 반가웠습니다~^^ 계속 배우고 업그레이드해 가시는 모습에 저도 좋은 영향을 받았는데, HR분야 전문가로서 활동하시니 앞으로 인연이 계속 이어질 것 같아요. 함께해서 교육시간이 더 즐거웠어요~ 다음에 또 봬요^^" 문자에서도 느껴지듯이 먼저 문자를 보내준 것에 고마운 마음이 들어서 진심을 꾹꾹 눌러 담아 답장한 것이다. 그리고 다시 답장을 받았다. "저도 협업할 프로젝트 기회가 생긴다면 연락드리겠습니다. 행복한 주말 보내세요!!" 마지막 답장을 보내고 대화는 끝났다. 사람 인연이라는 것이 참 묘하다. 번아웃 이전에 나는 먼저 연락을 하고, 사람들을 챙기는 경향이 컸다. 그러나, 번아웃을 겪으며 나 혼자 살아내기도 힘들다는 생각에 다른 사람을 볼 여력이 없었다. 그리고 이제는 내가 누군가가 내민 손을 잡는 입장이 되었다.

두 달 뒤 다시 메시지가 왔다. "안녕하세요! ○○○선생님, 교육 이후 잘 지내셨나요? ○○에서 서류평가위원을 모집하고 있는데 혹시 조건 및 일정 가능하세요?" 때마침 휴대폰을 보고 있던 중이라 메시지는 바로 읽었지만, 답장은 바로 할 수 없었다. 2년 가까이 일을 하지 않은 채로, 사회생활을 단절하며 살고 있었던 터라 상대의 업무 연결이 고마웠지만, 부담이 되기도 했다. "왜 그녀는 교육장에서 잠깐 만난 나에게 업무를 연계해 주는 것일까? 내가 뭐라고." 이런저런 생각을 하다 몇 분이 지났고, 나를 신경 써준 마음이 고마워 답장을 보냈다. "○○○신생님 오랜만에 반가워요^^ 좋은 기회로 연락을 주셔서 감사합니다. 일정 가능합니다."
나의 상황을 모르니 번아웃이고 뭐고 부연 설명을 할 이유도 없었다. 그래서 요청한 프로필을 전달했고, 경력 증빙이 되어 서류평가위원으로 참석이 확정되었다. 그렇게 예상하지 못한 기회로 나는 생각보다 일찍 사회로 복귀하게 되었다. 한국에 돌아온 2년 만이었다.

과연 잘 해낼 수 있을까? 일이 시작되기 전까지 걱정이 되기도 했지만 평정심을 찾으려고 노력했다. 총 5일간 진행되는 공기업 서류평가 일정이 시작되었을 때, 업무 공백으로 인한 걱정이 무색할 만큼 자연스럽게 역할에 녹아들었다. 취업컨설팅을 통해 수만 건의 이력서와 자기소개서들을 읽어 본 경험과 매일 독서를 이어 온 덕분에 모집 요강에 맞춰 평가를 마칠 수 있었다. 5일 동안 시간이 지날수록 업무에 대한 열정이 되살아나고 있다는 것을 느꼈고, 다시 시작해 볼 수 있겠다는 자신감도 고개를 들기 시작했다.

경력단절이 되어본 사람들은 이해할 것이다. 대부분 자신의 생각에 갇혀 새로운 일을 시도하지 못할 때가 많다. 자신의 엄격한 기준이 만든 '자격부족'이라는 인식과 '실패'라는 두려움의 선을 넘기가 어려운 것이다. 그러나 일단 'Yes'를 해보자. 긴장하고 걱정했던 것만큼 일이 잘못되는 경우는 거의 없다. 그리고 진짜 넘어야 할 벽은 경력단설의 시간적인 벽이 아니라, 마음의 벽이라는 것을 알 수 있을 것이다.

한 발 내디딘 용기가 자신 안의 긍정적인 변화를 일으킬 수 있다. 그러므로 두려움은 당연한 것이라 생각하고, 일단 'Yes'라고 대답해 보자

3

사회 초년생 시절의
나를 다시 만나다

,

"자세히 보아야 예쁘다

오래 보아야 사랑스럽다

너도 그렇다"

나태주, 「풀꽃 1」

공기업 서류평가위원으로 사회 복귀를 하던 날, 새로운 일을 한다는 부담은 있었지만, 취업컨설팅보다 한 단계 더 나아가 커리어 성장을 할 수 있는 일이라는 것에 감사한 마음이 컸다. 그리고 평가 일정의 첫 날, 생각지도 못하게 첫 직장의 인연을 다시 만났다.

평가위원들은 채용과정 보안을 위해 신분 확인 후 휴대폰을 반납하고 지정된 자석에 앉았다. 평가가 시작되기 전 참석자 명단 호명을 하는데 익숙한 이름이 들려왔다. ○○○위원님. 17년 전, 나의 첫 직장이었던 영업부서의 팀장님 이름과 같았다. 몇 년 만에 다시 들어보는 그 이름. 흔하지 않은 이름이지만, 우연이라고 생각하며 혼자 업무를 준비하던 그때 반가운 목소리로 뒤에서 나를 불렀다. "현주 씨! 맞네! 이름 듣고 왠지 현주 씨일 것 같더라. 옛날이랑 하나도 안 변했네, 어쩜 이렇게 똑같아! 대학원 유학 갔다는 소식 건너 들었는데 한국 왔나 보네. 이렇게 다시 만나니 반갑다." 마치 묵혀두었던 말을 쏟아 내듯이 순식간에 많은 말을 하고 있었다. 그 순간 나는 17년 전으로 거슬러 올라가 과거의 나를 만났다.

그리운 나의 모습을
타인의 기억속에서 발견할 때가 있다

대학교 졸업 전 취직한 첫 직장, 뼈를 묻고 사장까지 되겠다며 호기롭게 다짐했다. 나의 업무는 취업포털사이트 기업영업팀 소속으로 기업들의 채용 일정에 맞춰 온라인 채용 광고를 게재해 주는 일이었다. 그러나 입사 후 회사 입지가 줄고 있다는 것을 알게 되었고, 결국 인원 감축을 감행하게 되었다. 그래서 회사에 뼈를 묻겠다던 포부는 펼쳐보지도 못한 채, 입사 3년 차에 구조조정으로 직장을 떠나야 했다. 내부실정은 모르고 열심히만 하면 평생직장이 될 줄 알았던 그때, 순수했고 무모했던 첫 직장의 기억이었다. 그 후, 나는 전화위복이 되어 원하던 컨설팅 업무를 더 빨리 시작하게 되었고, 취업컨설턴트로서 커리어를 쌓아 갈 수 있었다.

그렇게 각자의 삶에 충실하며 십수 년이 흘러 다시 만나게 된 날, 그런데 17년 전, 그때의 나와 지금의 내가 똑같아 보이다니 믿을 수가 없었다.

 그 시절의 나는 의지와 열정, 패기만으로 무서울 것이 없었다. 주체적이고 역동적인 삶을 살던 그때의 나와 번아웃으로 침체된 나는 달랐다. 그런데 "어떻게 똑같다고 할 수 있을까?" 의구심이 드는 한편으로는 예전처럼 보인다는 말에 안도감이 들었다. 번아웃으로 지치고 무기력하게 있던 모습이 드러나지 않았다는 의미이니까.

 밝아 보이려고 염색한 것이 효과가 있었던 것일까?

 어두운 얼굴빛을 숨기기 위해 덮은 메이크업이 효과가 있었던 것일까?

 어떤 이유로든, 나의 침울한 모습을 들키지 않았으니 성공이었다.

 그러나 이어지는 팀장님의 한 마디에 울컥해 버렸다. "현주 씨는 신입 때도 대학원 유학갈 거라고 말을 했는데, 진짜 갔다는 얘기 듣고 역시 실행력이 대단하다고 생각했어!"

 그랬다. 유학을 가기 전까지의 나라는 사람은, 목표를 향해 질주하던 경주마와 같았고, 목표를 달성하기 위해 노력하는 실천가였다. 그런 모습을 기억해 주는 사람이 있다는 것이 놀랍기도 했고, 잊고 있었던 내 모습을 다시 찾아준 것 같아 고마운 마음이 들었다. 그러나 현실의 나는 유학 후 번아웃과 무기력이 겹치며 열정과 의욕은 사라진지 오래였다.

 대화 후 업무가 시작되었고, 내색은 하지 않았지만 그날은 눈물이 가득한 상태로 반나절을 보냈다. 팀장님의 기억 속에 있는 나를 꺼내줘서 고마웠고, 그 기억의 한 조각으로 인해 나는 다시 예전의 나와 만났다. 그리고 다시 함께 나아가보자 얘기할 수 있었다.

예전의 우리는 서로 다른 팀이었고, 그리 친하지도, 서로 큰 관심을 보이지도 않았던 사이였다. 당시에는 멀게만 느껴졌던 사람을 다시 만나서 마음을 울리는 말을 듣고 나니 나태주 시인의 「풀꽃 1」 시가 떠올랐다.

"자세히 보아야 예쁘다

오래 보아야 사랑스럽다

너도 그렇다"

앞으로 서로에게 새로운 기억의 이미지를 심어주며, 함께 나아가길 희망하며.

4
다시 돌아온 강의장,
다시 찾은 꿈

,

"세상에서 가장 무섭고 두려운 존재,

그러나 반드시

싸워 이겨야 하는 존재는

바로 '나 자신'이라는 괴물이다."

배철현, 『심연』

　본업인 HR컨설팅 업무로 복귀한 후, 한 달에 한두 번씩 공기업 서류평가위원 일을 맡았다. 무리하게 욕심을 내면 번아웃이 재발하게 될까 두려워 신중하게, 그리고 천천히 사회로 재진입하기로 했다. 그러던 중 나의 유튜브 커가채널(Career Guide Channel)을 보고서 메일로 강의 의뢰 연락이 왔다. 특성화고등학교에서 4차 산업혁명과 미래 유망직업에 대한 2시간 특강을 요청한 것이다. 감사하면서도 망설여지는 기회였다. 오랫동안 강의 활동을 중단한 상태였는데, 생각지 못하게 다가온 기회를 어떻게 해야 할까.

이번에도 Yes라고 대답했다. 이제는 뒤로 물러서지 않고, 한 발 더 사회로 다가갈 때라고 생각했다. 3주 후로 예정된 강의 일정에 맞춰서 상의안을 준비했다. 세계경제포럼(World Economic Forum), 포브스(Forbes), US News & World Report와 국내외 HR 저널 및 경제 뉴스 등을 리서치하여 2030년까지의 유망직업과 감소할 직업 트렌드에 대해서 조사했다. 2019년도에 만들었던 영상의 유망 직업 리스트들은 해가 거듭하면서 더 세분화되었고, 코로나19 기간 동안 급격하게 성장한 AI 기술들로 인해 이전의 전망과는 전혀 다른 양상이 펼쳐지고 있었다. 다행히도 그동안 꾸준히 관련 뉴스들을 접해왔기에 흐름을 따라가는 것은 크게 어렵지 않았고, 번아웃 이후 진행하는 첫 강의 준비를 마쳤다.

안녕하세요. 커리어컨설턴트 김현주입니다

강의는 금요일 오후 3시, 방과 후 시간으로 학생들은 집에 가고 싶어 하면서도 강의에 대해 궁금해하는 것이 보였다. 본격적으로 1~2학년을 대상으로 미래유망직업을 소개했고, 학생들은 4차산업혁명으로 새롭게 생겨난 직업들에 대해 흥미를 보였다. 그리고 이공계분야에 대한 관심이 낮았던 학생들도 유망직종 중 조금 더 세밀하게 알아보고 싶다는 의견도 있었다. 강의 후반 학생들의 집중력을 유지하기 위해 실습을 추가하였고, 개인별 진로탐색 시간을 만들었다. 처음으로 직업과 진로에 대해 진지하게 고민해 본다던 학생들도 적극적으로 탐색과정을 경험하면서 의욕과 기대에 찬 표정으로 변해갔다. 나는 강단 아래로 내려가 학생들이 적어둔 내용과 계획들을 들으며, 생각을 열어주는 질문들을 이어갔다. 그리고 도움이 될 진로 준비과정들을 알려주고, 미래 진로와 직업에 대한 희망의 씨앗을 심어주며 강의를 마무리했다. 몇 년 만에 진행하는 강의인 만큼 강단에 서면 떨리지는 않을까 걱정을 했지만, 마치 얼마 전까지 강단에 섰던 것처럼 자연스럽게 진행하는 나의 모습을 보면서 안도했다. 다만, 고등학생들의 집중력과 흥미를 이끌어낼 수 있는 다양한 도구와 교수법을 향상시켜야 한다는 생각도 들었다.

지금도 그날의 학생들의 눈빛과 오랜만에 강의를 하던 나의 모습이 생생하게 기억이 난다. 나는 강의를 통해 사람들과 소통하고 정보와 지식, 경험을 나누는 것을 좋아하는 사람이라는 것을 재확인했다. 과도한 열정과 목표달성에 대한 기대로 스스로를 태워버렸지만, 다시 돌아오게 되어 기쁘고 감사한 날이었다. 그리고 강의 제안을 받아들인 것을 최고의 선택이었다고 생각한다. 만약 아직 준비가 되어 있지 않다는 이유로 계속 다음을 기약했다면, 다시 시작할 수 있는 기회는 더욱 멀어졌을 것이다. 당장 눈앞에 놓인 장애물을 넘을 수 있는 힘만 있다면, 일단 시도해 봐야 한다는 것을 다시금 깨닫게 되었다. 비록 뛰지 못해 걸어서 넘은 장애물일지라도, 한 번 넘어보고 괜찮다는 것을 확인하게 되면 그 다음도 기약할 수 있다.

어차피 100% 만족할 수는 없다. 잘했더라도 조금만 더 했으면 좋겠다는 아쉬움과 후회는 항상 남게 된다. 첫 복귀 강의에서 좋았던 부분은 강화할 수 있도록 마음에 새기고, 부족했던 부분은 보완할 수 있도록 정비하면 된다고 생각했다. 그리고 얼마 뒤, 대학교 신입생들을 대상으로 한 농기부여 및 학교 생활을 계획하는 3시간 강의를 진행하였고, 지난 강의보다 더 재미있고 유익하게 내용을 구성하여 이전보다 만족스러운 마무리를 할 수 있었다.

이제 강의 감각은 돌아왔으니 나를 녹여낼 수 있는 강의 주제를 준비하기로 했다. 경험과 경력, 성찰의 내용을 함께 전달할 수 있는 주제를 찾으면서 그렇게 한 발씩 나아가면 된다. 고통이 없기를 바라지 말고, 기꺼이 감수하고 나아가리라 다짐하며 재도약을 시작하기로.

5

새로운 꿈을 향한 도전,
번아웃 경력개발컨설턴트

,

"지혜로운 사람은

고마운 존재가 되기보다

필요한 존재가 되고자 한다."

발타자르 그라시안, 『사람을 얻는 지혜』

HR 전문가로 살아오면서 나는 수많은 사람들의 취업 고민을 들었다. 신입으로서 첫 직장을 얻기가 어렵다는 이야기, 적성에 맞지 않는 일로 괴로워하는 경력사원, 승진에 막혀 좌절하는 중간관리자, 경력단절 후 재취업을 고민하는 워킹맘 등 일과 관련한 고민들이 너무 많았다. 그들의 이야기를 들으며 진로와 취업 설계를 함께하고, 격려와 응원의 메시지를 전할 수 있어서 보람을 느꼈다.

'나나 잘 하세요'

강의와 컨설팅, 방송 등 취업컨설턴트로서의 커리어 입지가 확장될수록 마음 한편에는 공허함이 커져갔다. 지금 충분히 잘하고 있다고 나 자신에게 확신을 심어주려 노력했지만, 눈속임은 오래 가지 못한다. 어느날, 상담실에서 한 내담자가 "선생님은 정말 이 일을 좋아하시는 것 같아요"라고 말했을 때 깨달았다. 나는 이 일에 적합한 가면을 아주 잘 쓰고 있었던 것이다. 분명 사람들과 함께하며 고민들을 해결해 나가는 것에 대한 보람이 있지만, 개인적으로 만족할 만한 실용적이면서도 경험적인 '진짜 컨설팅'에는 부족하다는 생각이 들었다.

나는 기존의 취업컨설팅 방식에 의문을 품기 시작했다. 대부분의 경력 상담은 '성공'과 '성장'에 초점을 맞춘다. 더 높은 연봉, 더 좋은 직책, 더 큰 회사. 모든 것이 위와 앞으로만 향해야 한다는 강박에 사로잡혀 있는 것이 불편하게 느껴졌다. 단순히 지원서를 잘 쓰는 방법이나 면접 기술, 연봉 협상 전략을 알려주는 것은 '자신을 잘 포장하는 방법'에 불과하다고 생각했다. 물론 그것이 나쁘다는 것이 아니다. 자신을 잘 표현한 만큼 자신을 알아보고 인정하는 기회로 연결될 수 있다. 그러나 그 일은 이제 내 역할이 아니라고 판단했고, 앞으로는 외적인 성장뿐 아니라 내면의 성장도 함께 이루어갈 수 있도록 돕는 사람이 되어야겠다는 생각이 들었다. 그리고 그 답은 5번의 왜를 묻는 과정에서 찾을 수 있었다.

'5Why' 왜?-왜?-왜?-왜?-왜!!

'왜?'라는 질문을 거듭하다 보면 꼬리에 꼬리를 물고 들어가서 내면의 이야기를 들을 수 있다. 그리고 내면 깊숙한 곳에서 일어나는 진정한 변화를 이해하게 된다. 내가 취업컨설턴트에서 새로운 커리어를 찾아가는 예를 들어보자.

첫 번째 "왜 취업컨설턴트가 되었나?"

"사람들이 적합한 직업을 찾도록 도와주고 싶었다."

두 번째 "왜 사람들이 적합한 직업을 찾도록 돕고 싶었나?"

"나는 경호학을 전공한 HR비전공자로서 진로와 취업에 한계를 경험했다. 전공에 얽매이지 않고 자신의 진로를 재탐색하여 하고 싶은 일, 잘할 수 있는 일을 찾는 것이 중요하는 것을 깨달았기 때문이다."

세 번째 "그런데 왜 취업컨설턴트에 대한 직업적 공허함이 생겼을까?"

"취업률이나 형식적인 교육에 회의감이 들기도 했고, 진짜 나의 경험을 녹인 컨설팅 분야를 찾고 싶은 마음이 컸다."

네 번째 "그런데 왜 대학원 유학 후 경험을 녹여 일을 하지 않았나?"

"코로나19 확산으로 인해 시기와 상황적으로 취업의 기회를 놓쳤고, 열심히 달려온 시간과 노력이 커리어의 성장으로 연결되지 않았다. 그리고 기대와 예상에 어긋난 전개에 대한 압박과 스트레스가 번아웃으로 이어졌다.

오히려 그 시간이 있었기에 번아웃 경력개발컨설턴트라는 커리어를 창안하는 터닝포인트가 되었다."

다섯 번째 "왜 번아웃 경력개발컨설턴트라는 직업을 만들었나?"

번아웃과 경력설계를 연결하여 도움을 줄 수 있는 전문가가 없다. 번아웃을 겪은 사람만이 진정으로 이해할 수 있는 영역이라고 생각하며, 번아웃의 시간을 어떻게 보내야 지속가능한 커리어를 만들어갈 수 있는지 직접 설계해 보았고, 그 경험을 사회적 가치로 승화시키고 싶다.

다섯 번의 질문을 반복하는 것만으로도 내면의 이야기를 들을 수 있다. 만약 명료하지 않은 답을 얻었다면, 질문을 바꿔보거나 가벼운 주제를 선정하여 심화해 보는 것도 좋다.

진짜 변화는 종종 우리가 바닥을 쳤을 때, 모든 것이 무너져 내렸을 때 시작된다. 번아웃은 자신에게 '진짜 원하는 것이 무엇인지' 재점검할 수 있는 시간을 주는 것이다. 그것은 단순히 직업을 바꾸라는 의미가 아니

라, 무엇을 위해 살아가는지에 대한 근본적인 성찰이 필요하다는 의미이
다. 번아웃은 우리에게 가장 솔직한 순간을 선사한다. 처절하게 바닥까
지 내려 앉은 자존감과 자신감과 직면하고, 그동안 자신이 보지 못했던
모습까지 드러내게 한다. 모든 가면이 벗겨지고, 모든 포장이 사라진 그
순간에 우리는 진짜 자신과 마주할 수 있다. 그리고 바로 그 지점에서 진
정한 변화가 시작된다.

내가 발견한 번아웃 경력개발컨설턴트라는 직업은 사람들이 번아웃이
라는 터널을 통과하면서 진정한 자아를 발견하고, 그 자아에 맞는 새로
운 삶의 방향을 설계할 수 있도록 돕는 동반자다. 때로는 상담사이고, 때
로는 코치이며, 때로는 같은 길을 걸어온 사람으로서 따뜻한 격려를 건
네는 역할이 되어줄 수 있다. 아무도 가보지 않은 길이기에 앞을 알 수
없지만, 나 자신에게도, 번아웃을 겪는 또 다른 이들에게도 의미가 있는
길이기에 기꺼이 걸어보겠다고 결단했다.

6

작가의 꿈, 독서를 통해
생각의 틀을 깨다

,

"눈에 띄어라. 관대해져라.

예술을 창조해라. 스스로 판단해라.

사람들과 관계를 맺어라.

아이디어를 공유해라.

그러면 사람들은 보상하지 않을 수 없을 것이다."

세스 고딘, 『린치핀』

한 분야의 전문가가 되어야 한다는 고정관념에 사로잡혀 있던 나에게, 새로운 시각을 제시해 준 사람이 있다. 바로 고명환 작가이다. 『책 읽고 매출의 신이 되다』 책을 통해 알게 된 그의 삶과 커리어의 전개는 나의 예상을 벗어났다. 개그맨에서 사업가, 그리고 작가로 제2, 제3의 삶을 살고 있었다. 넓은 틀에서 생각하고 조합하며, 새로운 형태의 일을 만들어갈 수 있다는 것, 그것이 바로 내가 취업컨설턴트라는 직업적 틀에서 벗어날 수 있었던 전환점이 되었다. 그는 개그맨이라는 직업 하나만 보고 살아왔던 삶에서, 개그맨을 빼고 나니 자신이 무엇을 해야 할지 답을 찾는 과정이 오래 걸렸다고 고백했다. 여러 요식업에 도전하고 실패를 반복하면서 자신이 사업에는 소질이 없다고 생각했던 시기도 있었지만, 포기하지 않고 나아갔다. 책을 통해 정보를 얻고, 생각을 확장해 가며 실패의 원인을 분석하고 성공의 공식들을 찾아냈다. 그의 메밀 국수 가게 성공 스토리는 특히 인상 깊었다. 개그맨의 기획력과 스피치 능력을 사업에 결합하여 마케팅과 홍보 효과를 만들어낸 것이다. 단순히 사업에 그치지 않고, 자신의 성공 사례를 토대로 책을 쓰고 강의를 하며, 하나의 일에서 여러 가지 일로 파생시켜 영역을 넓혀간 그의 모습은 내게 새로운 가능성을 보여주었다. 그리고 그의 확신에 찬 목소리가 나를 끌어 당겼다. "내가 해냈다면, 누구라도 할 수 있다."라고 말이다.

고명환 작가의 팬이 된 나는 그의 다른 책들도 모두 읽었다. 『나는 어떻게 삶의 해답을 찾는가』, 『이 책은 돈 버는 법에 관한 이야기』, 『고전이 답했다 마땅히 살아야 할 삶에 대하여』까지. 그의 모든 책에는 독서를 통한 성장에 대한 일관된 메시지가 담겨 있었고, 나는 그 이야기에 깊이 공감했다. 그리고 독서의 힘을 믿으며 새롭게 커리어의 방향성을 그려나갔다. 그때 『이 책은 돈 버는 법에 관한 이야기』에 있는 문장이 내 마음을 강하게 흔들었다.

"방향이 제대로 맞으면 일어나지 않을 것 같던 기적도 일어난다. 사람들은 기적이라 말하지만, 그건 원래 당신이 가야 할 길에 놓인 행운일 뿐이다. 그걸 줍기만 하면 된다."

이 글을 읽은 후, 지금까지의 삶과 직업에 대한 방향성이 맞았는지 점검해봐야 한다고 생각했다. 내가 궁극적으로 원하는 것은 자신의 내면을 성찰하고 원하는 방향의 커리어를 스스로 찾아갈 수 있도록 돕는 멘토 역할이었다. 그래서 나는 취업컨설턴트로서의 경력과 번아웃에 대한 경험을 결합하여 '번아웃 경력개발컨설턴트'라는 새로운 방향을 설정하는 데 힘을 얻었던 것이다. 그리고 그 시작을 이 책의 출간과 함께했다.

누구에게나 처음은 있다

지난 1년 10개월 동안 530여 권의 책을 읽으며 훌륭한 작가들의 문체와 표현력을 접했기에 나의 글에도 힘이 있을 것이라는 기대가 있었다. 그러나 솔직히 고백하자면, 이 책을 쓰면서 한 번도 만족한 적이 없었고, 부족한 실력으로 무모하게 시도한 것이 아닌지 걱정하기도 했다. 머릿속에는 전달하고 싶은 메시지가 넘쳐나지만, 그것을 글로 표현하는 것은 생각보다 훨씬 어려웠기 때문이다. 때로는 키보드 앞에 앉아 몇 시간을 보내고도 한 문단을 완성하지 못하는 날도 있었다. 어색한 문장의 흐름과 명료하지 않은 부분에 대해 많은 고민을 하며 수정을 반복했다. 그때

눈에 왔던 글귀가 바로 세계적인 명작을 쓴 어니스트 헤밍웨이(Ernest Hemingway)의 "초고는 쓰레기"라는 말이었다. 오랜 세월 글을 써온 작가들도 뒤돌아보면 부족한 부분이 보인다고 하는데, 하물며 첫 책을 쓰는 내가 완벽을 바라는 것은 오만일지도 모른다는 생각이 들었다. 우리가 자유롭게 서서 걷고 뛸 수 있는 것은 수 년간 일어서고 넘어지기를 반복하며 힘과 균형감을 키웠기 때문이다. 작가라는 새로운 모습을 만들기 위해서는 걸음마를 시작하는 것이 당연하다. 비록 첫 걸음이 어설프더라도 용기를 내어 발을 내딛는 것, 그것이 바로 변화의 시작이기에 실천으로 옮긴 것이다.

원고 집필 경험을 통해 다시 한번 지난 날을 돌아볼 수 있었고, 꿈 너머 꿈을 키울 수 있었기에 충분히 값진 시간이 되었다. 그리고 앞으로 독자들의 이야기에 귀 기울이며 더 나은 글을 쓸 수 있도록 노력하고, 다음에 이어질 두 번째 책에서는 더 깊이 있는 글로 작가로서 성장하는 모습을 보여줄 것이다. 직업의 틀에서 벗어나 새로운 일을 시도해 보고, 진화하고 성장해 가는 것 그것이 번아웃 극복 후의 나의 변화된 삶이다.

서툴러도 괜찮고, 부족해도 괜찮다.

중요한 것은 시작하는 용기와 계속해서 성장하려는 의지다.

당신의 여정이 무엇이든, 그 뒤에서 나는 응원할 것이다.

우리들의 찬란한, 번아웃 이후의 삶을 위하여.

PART 5
번아웃 리부트 가이드

❶ 글쓰기를 통해 '진짜 나'를 만날 수 있다

묵혀둔 감정과 생각을 글로 발산하며 내면을 성찰하는 시간을 향유하라.
번아웃 극복의 길은 글쓰기를 통해 찾아갈 수 있다.

❷ 좋은 일은 저절로 찾아오지 않는다

'자격부족'이라는 인식과 '실패'라는 두려움의 선을 넘어라.
그런 생각이 들수록 'Yes'라고 답하라.
걱정했던 만큼 걱정할 일은 일어나지 않는다는 것을 알게 된다.

❸ 선택하고 시도하라

어차피 100% 만족할 수는 없다.
행동하지 않았을 때의 후회가 행동했을 때의 후회보다 훨씬 크다.

❹ 새로운 꿈을 향해 나아가라

지혜로운 사람은 고마운 존재가 되기보다 필요한 존재가 되고자 한다.

필요한 사람이 될 준비가 되었는가?

❺ 직업의 틀을 깨라

번아웃의 원인 중 하나는 고정관념에 자신을 가두는 것이다.

하나의 직업에 갇히지 말고 본업에서 생각을 확장해 가며, 연결될 수 있는 직업들을

찾아보라.

와썹 번아웃!

WORK BOOK

번아웃,
커리어 터닝포인트 점검

BURNOUT!

"우리의 잠재의식에는
성공의 템플릿이 있다네.
목표를 하나 달성하면 그 결과로
성공의 템플릿이 하나 생기는 거지.
그래서 성공을 경험해 보는 게 중요한 거야.
그 크기는 상관없이 말이야."

— 로이드 코넌트

Step 0

워크북 활용 가이드

,

본 워크북은 번외편으로 직업과 진로에 대해 생각을 정리해 보기 위해 준비했습니다. 개인의 상황과 필요에 따라 유연하게 활용할 수 있도록 설계되었습니다. 각 워크시트는 급하게 진행하기보다는 충분한 시간을 두고, 자신의 내면과 솔직하게 대화하며 장기적인 커리어 설계의 시간으로 활용하시길 권합니다.

번아웃 극복 단계에서 새로운 직업을 탐색하고, 경력개발을 모색할 때 활용해 볼 수 있는 워크시트의 4가지 Step은 아래와 같습니다.

Step 1. 생각을 열어주는 6 Thinking Hats: 6가지 관점으로 가볍게 생각을 열어주는 단계입니다.

Step 2. 아이디어를 생성하는 SCAMPER: 경력 전환에 대한 아이디어를 탐색해 볼 수 있습니다.

Step 3. 경력개발 자기 분석 워크시트(기본): 현재의 상태를 점검하는 시트입니다. 경험과 업무 역량에 대해 종합적으로 탐색하여 흥미와 시장성, 실현 가능성을 종합적으로 고려하여 최적의 경력개발 과정을 설계할 수 있는 기틀이 됩니다.

Step 4. 번아웃 이후 경력개발 자기분석 워크시트(심화): 번아웃에 대한 원인 탐색과 업무 경험 및 경력을 새로운 분야로 접목하여 경력전환 포인트를 탐색할 수 있습니다.

Step 1~4를 순서대로 진행할 경우, 사고의 확장에서 구체적 실행까지 체계적인 흐름을 경험할 수 있습니다. Step 1~2에서 창의적 사고를 통해 새로운 가능성을 발견하고, Step 3에서 현재 경력에 대한 점검을 거쳐 Step 4에서 현실적인 경력개발 및 경력전환 방향을 수립하는 데 도움이 됩니다. 그러나, 개인의 상황에 따라 순서와 상관없이 필요한 워크시트를 선택하여 활용해도 괜찮습니다. 다만 워크북 활용 시 몇 가지만 유의하시기 바랍니다.

솔직한 자기 성찰의 반영: 번아웃 이후의 경력개발은 단순히 새로운 일자리를 찾는 것이 아닙니다. 자신이 진정으로 원하는 것, 가치 있게 여기는 것, 그리고 현실적으로 가능한 것 사이의 균형점을 찾는 과정입니다.

따라서 각 질문에 대해 사회적 이미지나 타인의 기대에 맞추기 보다 '진짜 나'로서 나아가고 싶은 방향에 대해 자문자답할 수 있도록 집중해 주세요.

완벽함보다는 진정성: 모든 항목을 완벽하게 채우려고 하지 마세요. 현재 명확하지 않은 부분은 비워두고 다음에 작성해도 괜찮습니다. 질문에 최대한 성실히 답변하는 것이 중요합니다.

워크북 완료 후 다음 단계: 워크시트 작성을 통해 도출된 인사이트는 실제 행동으로 이어져야 진정한 의미를 갖습니다. 작성 후에는 작은 목표부터 하나씩 성취해 가는 것이 좋습니다.

워크시트 재점검: 시간이 지나면서 생각과 상황이 변할 수 있으므로, 3개월에서 6개월 후 워크시트를 다시 확인해 보는 것을 권합니다. 이전 답변과 비교해 보면 자신의 성장과 변화를 객관적으로 확인할 수 있습니다.

기억하세요. 번아웃 이후의 경력개발은 단거리 달리기가 아니라 마라톤과 같습니다. 하루아침에 큰 성과가 이루어지지 않는다고 실망한다면 또 한 번의 번아웃을 맞이할 수 있습니다. 마음의 여유를 가지고 실행하는 것이 가장 중요합니다. 그럼 지금부터 첨부된 워크시트를 활용하여 커리어 터닝포인트를 탐색해 보시기 바랍니다.

생각을 열어주는 6 Thinking Hats

,

6 Thinking Hats은 '6색깔 모자 기법'이라고 불리며, 심리학자인 에드워드 드 보노(Edward de Bono)가 고안한 창의적 문제해결 기법입니다. 진행 방식은 6인 1조로 이루어 각각의 관점을 대변하지만, 혼자서도 6색의 역할을 맡아 실행해 볼 수 있습니다. 번아웃으로 인해 회의적으로 생각되었던 부분들도 편안하게 꺼내보는 시간이 될 수 있습니다.

실행 방법은 간단합니다. 먼저 사고 전환을 위한 주제를 정하고, 색상별 역할에 이입해 주제와 연관된 관점을 적어보세요. 각 역할은 Blue(조정 역할), Red(감정/직관/본능), Black(신중/비판적 사고), Yellow(긍정/낙관적 사고), Green(창의성/아이디어/대안), White(객관적 정보/사실)로 나누어 각 색깔에 맞는 관점으로 답변해야 합니다. 직업이나 진로 뿐만 아니라 어떠한 주제로든 활용 가능하며, 아래 샘플은 번아웃 상황 점검에 대한 주제로 질문들로 구성하였습니다. 가벼운 마음으로 작성해 보세요.

6 Thinking Hats

1. Blue(조정 역할)

전체적인 상황을 조망하고 과정을 관리하는 관점

Q1. 현재 번아웃 상황을 객관적으로 정리해 보세요.

번아웃이 시작된 시점: _____

현재까지 지속 기간: _____

Q2. 번아웃 상황 점검을 통해 얻고 싶은 구체적인 결과는?

답변: _____

2. Red(감정/직관/본능)

논리적 판단 없이 순수한 감정과 직감에 집중

Q1. 현재 직업/업무에 대해 느끼는 솔직한 감정은?

예시) "월요일 아침마다 출근하는 것이 두렵고, 회의실에 들어가면 답답함을 느낀다. 동시에 안정적인 급여를 포기하는 것에 대한 불안감도 크다."

답변: _____

Q2. 어떤 순간에 가장 에너지가 넘치고 살아 있다고 느끼나요?

예시) "새로운 프로젝트를 기획할 때, 후배들에게 조언을 해줄 때, 혼자만의 시간에 책을 읽을 때 가장 충만함을 느낀다."

답변: _____

Q3. 직감적으로 피하고 싶은 것들은?

예시) "반복적이고 창의성이 없는 업무, 과도한 회의와 보고서 작성, 성과에 대한 끊임없는 압박"

답변: _____

3. Black(신중/비판적 사고)

위험요소와 문제점을 냉정하게 분석

Q1. 현재 경력/직업의 문제점과 한계는?

예시) "승진 기회가 제한적이고, 업무가 루틴화 되어 성장 정체감을 느낀다. 회사의 미래 전망도 불확실하며, 워라밸이 지속적으로 악화되고 있다."

답변: _____

Q2. 경력 전환 시 예상되는 위험 요소들

예시) "수입 감소 가능성, 새로운 분야 적응의 어려움, 나이 제한으로 인한 기회 제약, 가족의 반대나 사회적 시선"

답변: _____

Q3. 번아웃 재발을 방지하기 위해 피해야 할 요소들

예시) "과도한 업무량, 명확하지 않은 업무 경계, 독성 있는 조직문화, 개인적 가치와 상충하는 업무"

답변: _____

4. Yellow(긍정/낙관적 사고)

가능성과 장점, 희망적인 면에 집중

Q1. 현재까지의 경력에서 자랑스러운 성취와 강점은?

예시) "5년간 프로젝트 매니저로서 15개 프로젝트를 성공적으로 완료했고, 팀 빌딩과 갈등 조정 능력이 뛰어나다고 인정받았다. 어려운 상황에서도 포기하지 않는 끈기가 있다."

강점: _____

Q2. 번아웃 극복 후 얻을 수 있는 긍정적 변화들

예시) "진정으로 원하는 일을 찾게 되어 업무 만족도가 높아질 것이고, 건강한 워라밸로 가족과의 시간도 늘어날 것이다. 새로운 도전을 통해 개인적 성장도 이룰 수 있을 것이다."

기대: _____

Q3. 이 시기를 기회로 만들 수 있는 방법들

예시) "번아웃을 통해 진정한 우선순위를 깨달았고, 이제 더 현명한 선택을 할 수 있다. 축적된 경험과 네트워크는 새로운 도전의 든든한 자산이 될 것이다."

답변: _____

5. Green(창의성/아이디어/대안)

기존 틀을 벗어난 새로운 가능성 탐색

Q1. 현재 스킬을 완전히 새로운 분야에 적용한다면?

예시) "마케팅 경험을 비영리 기관의 사회적 가치 확산에 활용하거나, 데이터 분석 능력을 농업 스타트업의 스마트팜 최적화에 적용할 수 있을 것이다."

아이디어: _____

Q2. '만약 실패가 불가능하다면' 시도해 보고 싶은 것들

예시) "온라인 교육 플랫폼을 만들어 직장인들의 번아웃 예방 프로그램을 제공하거나, 1년간 세계 여행을 하며 다양한 문화의 일하는 방식을 탐구해 보고 싶다."

답변: _____

Q3. 기존과 완전히 다른 방식의 일하기 스타일

예시) "프리랜서로 여러 프로젝트를 동시에 진행하거나, 원격근무로 지방에서 살며 컨설팅 업무를 하거나, 6개월 일하고 6개월 쉬는 사이클로 생활하기"

대안: _____

6. White(객관적 정보/사실)

감정이나 판단 없이 객관적 사실만 정리

Q1. 현재 보유한 구체적 역량과 자격

예시) "프로젝트 관리 자격증(PMP), 7년간의 IT 업계 경험, 영어 중상급 수준(토익 800점), 파이썬 기초 프로그래밍 가능, 팀 리딩 경험 3년"

팩트: _____

Q2. 현재 경제적 상황과 필요 조건

예시) "월 고정비 300만 원, 비상금 6개월치 보유, 대출 잔액 8000만 원, 최소 필요 월수입 250만 원, 가족 부양 책임 있음"

현실: _____

Q3. 업계 또는 시장의 동향과 기회 요소

예시) "AI/데이터 분야 인력 수요 증가, 원격근무 확산으로 지역 제약 완화, 중년 경력자 대상 재교육 프로그램 늘어남, ESG 경영 확산으로 관련 직무 신설"

확인된 정보: _____

종합 분석

Q1. 각 관점별 탐구 후, 가장 인상적이었던 인사이트 3가지를 적어보세요.

1. _____

2. _____

3. _____

※ 6 Thinking Hats 가벼운 물음으로 각각의 관점에서 생각을 해봄으로써 보다 객관적인 관점으로 자신의 상태를 점검해 볼 수 있습니다. 이를 통해 불분명했던 번아웃의 원인과 방향성을 구체화시킬 수 있고, 실행을 위한 동기부여를 할 수 있습니다.

다음 단계로 넘어갈 준비가 되었다면 Step 2 SCAMPER 기법으로 이어가세요.

Step 2

아이디어를 생성하는 스캠퍼(SCAMPER)

,

6 Thinking Hats와 유사한 방법으로 스캠퍼(SCAMPER)를 활용할 수 있습니다.

스캠퍼(SCAMPER)기법은 구조화된 문제 해결 기법을 활용하여 전략적 의사결정과 지속가능한 성장 방향을 설정하는 토대를 마련할 수 있기를 바랍니다. 경력개발 및 경력전환을 위해 보다 구체적이고 체계적으로 접근하는 단계입니다. 다음 예시를 참고하여 원하는 주제를 만들어보세요.

일반 사무직에서 IT/데이터 분야로의 경력전환을 예시로 들어보겠습니다.

1. Substitute(대체하기)

1) 반복 업무를 자동화 스킬로 대체: 엑셀 수작업 → 파이썬 자동화

2) 회의 시간을 학습 시간으로 대체: 불필요한 회의 줄이고 코딩 공부

3) 커피값을 교육비로 대체: 월 10만 원 → 온라인 강의 구독

4) TV 시청을 유튜브 학습으로 대체: 드라마 → 개발자 유튜브 채널

2. Combine(결합하기)

1) 현재 업무 + 데이터 분석: 매출 보고서 작성할 때 SQL 쿼리 활용

2) 점심시간 + 스터디: 동료와 함께 점심 먹으며 IT 스터디

3) 퇴근 후 + 사이드 프로젝트: 저녁 2시간으로 개인 웹사이트 개발

4) 주말 + 실무 경험: 지인 소상공인 홈페이지 무료 제작

3. Adapt(적응/응용하기)

1) 문서 작성 능력 → 기술 문서 작성: 보고서 스킬을 개발 문서화에 응용

2) 프로젝트 관리 경험 → 애자일 방법론: 기존 일정 관리를 스크럼에 적용

3) 고객 응대 → 사용자 관점: CS 경험을 UI/UX 설계에 활용

4) 예산 관리 → 서버 비용 최적화: 회계 감각을 클라우드 비용 관리에 응용

4. Modify(수정/개선하기)

1) 학습 시간 조정: 새벽 30분 일찍 일어나서 코딩 공부

2) 이력서 개선: 엑셀 고급 사용자 → 데이터 분석 및 자동화 경험

3) LinkedIn 프로필 수정: 기술 스택, 학습 중인 언어 추가

4) 목표 세분화: 개발자 되기 → 6개월 내 파이썬 활용한 업무 자동화

5. Put to Another Use(다른 용도로 활용)

1) 기존 업무를 포트폴리오로: 매월 만드는 보고서를 대시보드로 전환

2) 회사 문제를 학습 주제로: 재고 관리 비효율을 DB 설계 연습 과제로

3) 동료 네트워크를 IT 스터디로: 같은 고민하는 동료들과 스터디 그룹

4) 업무 시간을 실습 시간으로: 반복 작업하며 매크로, 함수 연습

6. Eliminate(제거하기)

1) 완벽주의 제거: '모든 걸 다 배워야 한다'는 생각 버리기

2) 시간 낭비 제거: 의미 없는 회식, 야근 최소화

3) 불필요한 지출 제거: 비싼 책 대신 무료 온라인 자료 활용

4) 핑계 제거: "나이가 많아서", "수학을 못해서" 같은 자기 제한 철폐

7. Reverse(역순/반대로)

1) 취업 후 학습 → 학습 후 취업: 이론부터 쌓지 말고 프로젝트부터 시작

2) 혼자 공부 → 함께 공부: 온라인 커뮤니티, 오프라인 모임 적극 참여

3) 장기 계획 → 단기 실행: 5년 계획 대신 이번 주 목표부터

4) 받는 입장 → 주는 입장: 배운 것을 블로그에 정리하며 다른 사람 도움

※ 앞의 내용을 토대로 업무 역량 향상 또는 업무 전환에 대한 생각을 정리해 보세요.

주제: _____

1. Substitute(대체하기)

1)

2)

3)

2. Combine(결합하기)

1)

2)

3)

3. Adapt(적응/응용하기)

1)

2)

3)

4. Modify(수정/개선하기)

1)

2)

3)

5. Put to Another Use(다른 용도로 활용)

1)

2)

3)

6. Eliminate(제거하기)

1)

2)

3)

7. Reverse(역순/반대로)

1)

2)

3)

※ 앞의 내용을 토대로 한 달 또는 3개월 단기 계획을 실행하며, 보완해 나가는 것이 효과적입니다.

경력개발 자기 분석 워크시트(기본)

현재의 직업 및 경력을 활용하여 커리어를 확대하기 위한 점검 도구입니다.

작성일: _____   작성자: _____

1. 현재 상황 점검

현재 직업에서 가장 힘든 점 3가지

1) _____

2) _____

3) _____

절대 다시 경험하고 싶지 않은 업무 상황

_____

직업 만족도 체크

각 항목을 5점 기준으로 평가(1: 매우 불만족 ~ 5: 매우 만족)

요소	현재 만족도	중요도	만족도와 중요도의 차이
업무 흥미도	/5점	/5점	
일과 삶의 균형	/5점	/5점	
성장 기회	/5점	/5점	
인간관계	/5점	/5점	
급여/안정성	/5점	/5점	

※ 중요도와 만족도 차이가 큰 항목이 경력전환에서 우선 개선해야 할 영역입니다.

2. 가치관 파악

다음 중 가장 중요한 3개를 선택하고 순위를 정하세요.

☐ 안정성 ☐ 도전 ☐ 창의성 ☐ 자율성 ☐ 성취감 ☐ 일삶 균형 ☐ 성장

☐ 인정 ☐ 사회기여 ☐ 리더십 ☐ 전문성 ☐ 협력

가치관 상위 항목 3가지

1) _____ 2) _____ 3) _____

나만의 강점(남들이 인정하는 것)

1) _____

2) _____

에너지를 얻는 활동 또는 상황

1) _____

2) _____

타고난 재능(노력 없이도 잘하는 것)

_____

요즘 가장 관심 있는 분야 혹은 트렌드

_____

만약 실패가 두렵지 않다면 도전해 보고 싶은 일

_____

_____

3. 선호하는 업무 방식 알아보기

(선호하는 항목에 체크)

업무 환경

☐ 혼자 집중 vs ☐ 팀 협업

☐ 루틴 업무 vs ☐ 변화 많은 업무

☐ 구체적 지시 vs ☐ 자율적 수행

☐ 단기 프로젝트 vs ☐ 장기 프로젝트

근무 형태

☐ 정규직 ☐ 프리랜서 ☐ 창업 ☐ 재택 ☐ 출근 ☐ 하이브리드

새로운 직업의 필수 조건

반드시 있어야 할 것(Deal Maker)

1) _____

2) _____

절대 없어야 할 것(Deal Breaker)

1) _____

2) _____

희망 연봉 범위: 최소 _____만 원 ~ 희망 _____만 원

_____

4. 경력전환 후보 탐색

앞의 자기분석 내용을 바탕으로 관심 있는 직업 3가지 적어보기

1) 1순위 관심 직업: _____

• 선택 이유: _____

• 활용 가능한 기존 경험/스킬: _____

- 부족한 역량: _____

2) 2순위 관심 직업: _____

- 선택 이유: _____

- 활용 가능한 기존 경험/스킬: _____

- 부족한 역량: _____

3) 3순위 관심 직업: _____

- 선택 이유: _____

- 활용 가능한 기존 경험/스킬: _____

- 부족한 역량: _____

5. 실행 계획

1순위 직업을 위한 액션 플랜

1) 즉시 시작할 것(이번 주)

☐ 해당 분야 현직자 인터뷰 1명 이상 ☐ 관련 온라인 커뮤니티/그룹 가입

☐ 기초 정보 수집(채용공고, 필요역량 등)

2) 6개월 내 완료할 것

□ 필요 스킬 학습 시작(강의, 책, 실습) □ 포트폴리오/이력서 업데이트 시작

□ 네트워킹 이벤트 참석 또는 멘토 찾기

3) 1년 내 완료할 것

_____

4) 진행 상황 체크

주 1회 점검일: _____요일

성공 신호(이런 일이 생기면 잘 가고 있는 것)

_____

_____

위험 신호(이런 일이 생기면 방향 수정 필요)

_____

_____

※ 앞의 작성 내용을 종합하여 1장의 경력개발 실행계획서로 요약해 보세요.
불필요한 생각이나 정보들은 제외하며 필요한 내용과 목록이 정리될 수 있습니다.

번아웃 이후 경력개발
자기분석 워크시트(심화)

,

번아웃 경험 후, 새롭게 만들어갈 직업을 탐색하기 위한 자기분석 도구입니다.

작성 일자: _____   작성자: _____

1. 현재 상황 진단 및 번아웃 분석

1) 현재 상황 파악

현재 직업/직책: _____

총 경력 기간: _____년 _____개월

현재 업종/분야: _____

휴직 사유와 기간: _____

2) 번아웃 경험 분석

다음 각 항목에 대해 5점으로 평가하세요.(1: 전혀 그렇지 않다 ~ 5: 매우 그렇다)

번아웃 증상	점수	구체적 경험
업무에 대한 의욕 상실	/5점	
만성적 피로감	/5점	
업무 성과 저하	/5점	
동료/상사와의 관계 악화	/5점	
일에 대한 냉소적 태도	/5점	
개인 생활의 균형 상실	/5점	
총점	/30점	

번아웃의 주요 원인 3가지를 구체적으로 작성하세요.

_____

_____

_____

와썹 번아웃!

3) 현재 직업에서의 만족도 분석

다음 각 항목에 대해 5점으로 평가하세요.(1: 전혀 그렇지 않다 ~ 5: 매우 그렇다)

직업 요소	만족도	중요도	개선점/바라는 점
업무 내용	/5점	/5점	
급여/복리후생	/5점	/5점	
근무 환경	/5점	/5점	
상사/동료 관계	/5점	/5점	
성장 기회	/5점	/5점	
일과 삶의 균형	/5점	/5점	
업무의 의미/가치	/5점	/5점	

2. 자기 이해 및 강점 분석

1) 핵심 가치관 발견

다음 가치관 목록에서 가장 중요한 5개를 선택하고 우선순위를 정하세요.

☐ 안정성 ☐ 도전 ☐ 창의성 ☐ 자율성 ☐ 협력 ☐ 성취 ☐ 인정 ☐ 봉사

☐ 균형 ☐ 성장 ☐ 리더십 ☐ 전문성 ☐ 다양성 ☐ 혁신 ☐ 영향력 ☐ 유연성

선택한 상위 5개 가치관 적어보기

_____ (이 가치관이 중요한 이유: _____)

_____ (이 가치관이 중요한 이유: _____)

_____ (이 가치관이 중요한 이유: _____)

_____ (이 가치관이 중요한 이유: _____)

_____ (이 가치관이 중요한 이유: _____)

2) 강점 및 기술 분석

기술적 강점(Hard Skills)

- 전문 기술: _____

- 소프트웨어/도구: _____

- 자격증/인증: _____

- 언어 능력: _____

개인적 강점(Soft Skills)

다음 중 자신의 강점이라고 생각하는 것들을 모두 선택하고, 구체적인 경험을 작성하세요

☐ 의사소통 능력 (경험: _____)

☐ 리더십 (경험: _____)

☐ 문제해결 능력 (경험: _____)

☐ 창의적 사고 (경험: _____)

☐ 분석적 사고 (경험: _____)

☐ 팀워크 (경험: _____)

☐ 적응력 (경험: _____)

□ 끈기/인내력 (경험: _____)

3) 성격 및 업무 스타일 분석

선호하는 업무 환경 선택

□ 조용하고 집중할 수 있는 환경 vs □ 활기차고 상호작용이 많은 환경

□ 혼자 작업하는 것 vs □ 팀으로 협업하는 것

□ 루틴한 업무 vs □ 변화가 많은 업무

□ 구체적인 지시 vs □ 자율적인 업무 수행

□ 단기 프로젝트 vs □ 장기 프로젝트

에너지를 얻는 상황

□ 사람들과 상호작용할 때 □ 혼자만의 시간을 가질 때

□ 새로운 아이디어를 생각할 때 □ 구체적인 결과를 만들어낼 때

□ 계획을 세울 때 □ 즉흥적으로 행동할 때

3. 관심 분야 및 경력전환 탐색

1) 관심 분야 탐색

어린 시절부터 현재까지 지속적으로 관심을 가져온 분야들을 나열하세요.

_____

_____

_____

최근 1년간 새롭게 관심을 갖게 된 분야나 활동

_____

_____

_____

만약 돈이나 현실적 제약이 없다면 하고 싶은 일 3가지

_____

_____

_____

2) 이상적인 직업 조건 정의

업무 내용: 어떤 종류의 업무를 하고 싶은가?

_____

근무 형태

☐ 정규직 ☐ 계약직 ☐ 프리랜서 ☐ 창업 ☐ 파트타임 ☐ 재택근무

☐ 하이브리드 ☐ 출근 필수

희망 업종/산업군

1순위: _____ 2순위: _____ 3순위: _____

희망 연봉 범위: 최소 _____만 원 ~ 희망 _____만 원

지역/위치 선호도: ☐ 현재 거주지 ☐ 수도권 ☐ 지방 ☐ 해외 ☐ 상관없음

기타 중요한 조건들

_____

_____

3) 경력전환 후보 직업 리스트

현재까지의 분석을 바탕으로 관심 있는 직업들을 나열하고 각각 분석해 보세요.

후보 직업 1: _____

- 매력적인 이유: _____

- 필요한 추가 역량: _____

- 진입 방법: _____

- 예상 어려움: _____

후보 직업 2: _____

- 매력적인 이유: _____

- 필요한 추가 역량: _____

- 진입 방법: _____

- 예상 어려움: _____

후보 직업 3: _____

- 매력적인 이유: _____

- 필요한 추가 역량: _____

- 진입 방법: _____

- 예상 어려움: _____

4. 실행 계획 수립

1) 우선순위 설정

위에서 분석한 후보 직업들 중 가장 현실적이고 매력적인 순서로 우선순위를 정하세요.

1순위: _____ (선택 이유: _____)

2순위: _____ (선택 이유: _____)

3순위: _____ (선택 이유: _____)

2) 역량 개발 계획

1순위 직업을 위해 필요한 역량 개발 계획

필요 역량	현재 수준	목표 수준	개발 방법	소요 기간
	/10점	/10점		
	/10점	/10점		
	/10점	/10점		
	/10점	/10점		
	/10점	/10점		

3) 단계별 실행 계획

휴직 기간 동안(현재~복직 전까지)

- 1개월 차: _____

- 2개월 차: _____

- 3개월 차: _____

- 4개월 차: _____

복직 후 경력전환 준비 기간

- 1~3개월: _____

- 4~6개월: _____

- 7~12개월: _____

4) 지원 시스템 구축(경력전환을 위해 도움을 받을 수 있는 사람들)

- 멘토: _____

- 네트워킹 대상: _____

- 전문가/상담사: _____

- 가족/친구 지원: _____

필요한 자원

- 교육/학습 자원: _____

- 재정적 준비: _____

- 시간 관리: _____

5. 모니터링 및 점검
1) 정기 점검 일정

월별 자기 점검 일정: 매월 _____일

점검 항목들

☐ 목표 달성 정도 확인

☐ 계획 수정 필요성 검토

☐ 새로운 기회 탐색

☐ 스트레스 관리 상태 점검

☐ 번아웃 재발 방지 점검

2) 성공 지표 설정

3개월 후 달성하고 싶은 것

_____

_____

_____

6개월 후 달성하고 싶은 것

_____

_____

_____

1년 후 달성하고 싶은 것

1. _____

2. _____

3. _____

3) 비상 계획

만약 계획대로 되지 않을 경우의 대안

Plan B _____

Plan C _____

번아웃 재발 방지를 위한 전략

_____

_____

_____

※ 이 워크시트는 자기 발견과 경력전환의 기회를 위해 정기적으로 재검토하고 업데이트하여 지속적인 성장과 발전의 도구로 활용하시기 바랍니다.

에필로그

,

"인간은 어찌 보면 의미 없는 존재다.

그러나 의미 없는 존재가

의미 있는 이유는 딱 한 가지다.

의미에 대한 질문을 던질 줄 안다."

니체

열심히 살아온 길에 따라온 번아웃은 바늘 옷을 입은 듯 고통스러웠고, 미세한 바늘 구멍만큼 빠져나오기가 힘들었습니다. 막상 번아웃을 넘어서고 보니 그리 오래 붙잡고 있을 필요가 없었다는 것을 알았습니다. 저는 번아웃 징후가 나타났던 초기부터 그 사실을 부정하고 외면하면서 증상이 악화되도록 방치했고, 그러한 이유로 정신과 육체가 모두 무너져 버리는 결과를 초래했습니다. 몸과 마음에 오는 변화를 알아차리는 것, 그것도 조기에 인지하여 심화되지 않도록 예방하는 것이 무엇보다 중요합니다.

　만약 번아웃으로 고통스럽다면, 현실에서 잠시 벗어나는 것도 좋습니다. 그러나 너무 오래 도피하지는 않아야 합니다. 그렇게 되면 자신만의 생각과 시선에 갇혀 더 깊은 수렁으로 빠져들게 됩니다. 부정적인 생각이 씨앗이 되어 정신과 육체에 해를 끼치게 됩니다. 저는 도피와 고립의 시간이 길어지면서 2년 이상 방황의 시간을 보내야 했습니다. 저보다 현명한 여러분은 분명 더 빨리 자신의 상태를 알아차리고, 휴식을 통해 다시 삶에 대한 의지를 회복할 수 있으리라 믿습니다. 번아웃을 놓아주는 것은 오직 자신만이 할 수 있는 일입니다.

　그리고 휴식을 하는 동안에는 꼭 '독서'와 함께하시기를 추천합니다. 제가 마지막으로 찾았던 번아웃 극복의 특효약을, 여러분은 첫 번째로 시도해보기를 바랍니다. 저의 번아웃 극복 여정을 함께하셨기에 '독서'가 가장 강력한 힘을 가졌다는 것을 느끼셨을 것입니다. 그러므로 책과 함께 내면을 탐구하는 시간을 향유하시면서 내면과 외면의 변화를 느낄 수 있는 과정들도 병행하시길 권합니다.

　법정 스님은 『스스로 행복하라』에서 **"출가는 떠남이 아니라 본래의 나로 돌아오는 것이며, 깨달음을 얻기 위함이 아니라 본래 내 안에 내재해 있는 깨달음을 드러내기 위함이다."**라고 했습니다. 우리는 누구나 깨달음을 가지고 있습니다. 그 사실을 일깨우지 않는다면 평생 동안 잠재된 채

249

로 살아갈 것입니다. 다행히도 번아웃이 주는 가장 큰 혜택은 깊은 사색과 성찰의 시간을 가질 수 있다는 것입니다. 그리고 그 과정을 통해 깨달음은 멀리서 구할 것이 아니라 나 자신부터 제대로 알아가며 답을 구해야 한다는 말을 이해할 수 있습니다. 자신 안에 있는 깨달음에 대해 찾아보려 노력하지 않는다면, 외부 환경과 타인의 말에 휘둘려 살아갈 수 밖에 없습니다.

저는 번아웃을 극복 후 안정을 찾기까지 3년 여의 시간을 보냈지만, 그 시간이 헛되지 않았다는 것을 알고 있습니다. 번아웃이 브레이크 없던 저의 삶에 긴 쉼표를 찍어주었기에 내면 깊숙이 들어가 '진짜 나'의 존재를 일깨우고, '진짜 원하는 삶'의 방향을 찾아갈 수 있었으니까요. 그 여정에서 다양한 일들을 시도해 보고, 커리어 터닝포인트를 가짐으로써 번아웃의 경험과 취업컨설턴트의 경력을 결합하여 특화된 커리어도 만들 수 있었습니다. 그리고 어린시절 동경했던 작가의 꿈을 현실로 이루게 되었습니다. 그런 의미에서 "살면서 한 번쯤은 번아웃을 경험해 보는 것도 괜찮다"라는 생각을 합니다. 그러니 번아웃이 삶에 가까이 온다면, 기꺼이 맞이하여 번아웃의 언덕을 넘어 보시기를 바랍니다. 그렇다고 스스로 땅굴까지 파고 들어가는 일은 없어야 합니다. 저처럼 말이죠.

중국 송나리 나대경이 지은 『학림옥로(鶴林玉露)』에 이러한 글이 있습니다.

"하루 종일 봄을 찾아다녀도 봄을 찾을 수가 없었다.

신이 헤어지도록 찾아다녔으나

찾지 못하고 집에 돌아와 보니,

뒤뜰에 매화꽃이 피어 있더라."

　내가 찾던 것이 멀리 있지 않음을, 내 안에 혹은 내 주변에서 찾을 수 있음을 알려주는 글입니다. 사람들은 먼 미래의 어느 날 맞이하게 될 행복한 삶을 기대하며, 현재를 즐기지 못하는 경향이 있습니다. 저 역시도 그랬습니다. 그러나 미래의 행복은 좇아갈수록 멀어지고, 타인의 인정과 노력에 대한 결과에 집착하다 보면 현재의 삶이 메말라가게 됩니다. 번아웃을 겪는 이유도 다르지 않습니다. 손에 닿지 않는 목표에 대한 집착, 타인의 인정, 과도한 자기 기대 등에서 비롯됩니다. '지금을 살아라.'라는 말처럼 멀리 있는 불확실한 행복을 찾기보다 현재에 있는 소소한 행복과 감사하는 삶을 향유하셨으면 합니다.

　끝으로 이 책을 쓸 수 있는 날이 온 것과 살아 있음에 감사하며, 도움 주신 감사한 분들께 마음을 전합니다. 번아웃의 동굴에서 나와 다시 살아갈 수 있도록 한결같이 지지해준 동생에게 고마움을 전하며, 경력단절

251

의 시간을 지나 사회로 복귀할 수 있도록 기회를 주신 안윤정 멘토님, 김태현 컨설턴트님, 공항고등학교 배정연 선생님, 박연수 대표님, 남서진 대표님 그리고 항상 응원의 말을 아끼지 않는 정미란 컨설턴트님, 조성은 컨설턴트님, 최지영 컨설턴트님께 감사의 마음을 전합니다. 마지막으로 번아웃을 겪는 동안 희로애락을 함께 해준 친구들에게 우정의 마음을 전합니다.

그리고 이 글을 함께해 주신 분들에게 감사드리며, 만약 번아웃 속에서 이 글을 읽고 계신다면, 부디 기억해 주셨으면 합니다. 지금의 고통스러운 시간도 큰 숲의 일부라는 것을, 그리고 언젠가는 그 숲 전체를 내려다볼 수 있는 자리에 서게 될 것이라는 것을 말입니다. 번아웃은 끝이 아니라 새로운 시작의 신호입니다. 여러분도 자신만의 망원경을 들고 큰 숲을 바라보며, 번아웃을 삶의 터닝포인트로 만들어가시기를 응원하겠습니다.

풍요로운 삶이 함께하기를.

번아웃의 끝자락에서

김현주(웰씨킴) 드림

번아웃 극복 추천 도서

,

인생/자아성찰

『삶으로 다시 떠오르기』 에크하르트 톨레 저, 연금술사

『붙잡지 않는 삶』 에크하르트 톨레 저, 스노우폭스북스

『에크하르트 톨레의 이 순간의 나』 에크하르트 톨레 저, 센시오

『술 취한 코끼리 길들이기』 아잔 브라흐마 저, 연금술사

『개구리 수프 : 삶이, 우리를 향해 돌을 던질 때』 아잔 브라흐마, 궈줜 선사 저, 해냄출판사

『아무것도 남기지 않기』 아잔 브라흐마 저, 불광출판사

『시끄러운 원숭이 잠재우기』 아잔 브라흐마 저, 나무옆의자

『좋은지 나쁜지 누가 아는가』 류시화 저, 더숲

『새는 날아가면서 뒤돌아보지 않는다』 류시화 저, 더숲

『어른 공부』 양순자 저, 가디언

『반 고흐, 영혼의 편지』 빈센트 반 고흐 저, 신성림 옮김, 위즈덤하우스

『데미안 프로젝트』 성녀울 저, 크레타

『싯다르타』 헤르만 헤세 저, 올리버

『새벽의 잠언 한 장』 스티븐 K. 스콧 저, 월요일의꿈

『발타자르 그라시안의 인생 수업』 발타자르 그라시안 저, 메이트북스

『한 번 더'의 힘』 에드 마일렛 저, 토네이도

『현명한 사람은 삶의 무게를 분산한다』 제갈건 저, 클랩북스

『만일 나에게 단 한 번의 아침이 남아 있다면』 존 릴런드 저, 북모먼트

『고전이 답했다 마땅히 살아야 할 삶에 대하여』 고명환 저, 라곰

『김형석, 백 년의 지혜』 김형석 저, 21세기북스

『노인과 바다』 어니스트 헤밍웨이 저, 올리버

『어린왕자』 앙투안 드 생텍쥐페리 저, 더스토리

『동물농장』 조지 오웰 저, 올리버

『STONER 스토너』 존 윌리엄스 저, 알에이치코리아

『내게 남은 스물다섯 번의 계절』 슈테판 셰퍼 저, 서삼독

마음 공부

『아픈 줄도 모르고 살아가는 요즘 어른을 위한 마음공부』 김병수 저, 더퀘스트

『김미경의 딥마인드』 김미경 저, 어웨이크북스

『법구경 마음공부』 정운 저, 유노책주

『지금 사랑한다고 말하세요』 김창옥 저, 수오서재

『행복한 이기주의자』 웨인 다이어 저, 21세기북스

『가짜 결핍』 마이클 이스터 저, 부키

『심연』 배철현 저, 21세기북스

『오은영의 화해』 오은영 저, 코리아닷컴

『쓸데없는 걱정으로 준비된 체력이 소진되었습니다』 이광민 저, 웅진지식하우스

『정신분석 입문』 지그문트 프로이트 저, 돋을새김

『감정은 습관이다』 박용철 저, 유노책주

『최재천의 희망 수업』 최재천 저, 샘터

『생에 감사해』, 김혜자 저, 수오서재

처세

『손자병법』, 손무 저, 돋을새김

『도덕경』, 노자 저, 현대지성

『오십에 읽는 논어』, 최종엽 저, 유노북스

『가장 젊은 날의 철학』, 이충녕 저, 북스톤

『붓다, 나를 흔들다』, 법륜 저, 산티

『굿 퀘스천』, 아와즈교이치로 저, 이새

『삶을 예술로 만드는 법』, 로버트 프리츠 저, 라이팅하우스

건강/수면

『해독 혁명』, 닥터 라이블리 저, 웅진지식하우스

『운동의 뇌과학』, 제니헤이스 저, 현대지성

『우리는 왜 잠을 자야 할까』, 매슈 워커 저, 열린책들

『아무 이상 없다는데 계속 아픈 당신에게』, 오민철 저, 21세기북스

자기계발/동기부여

『부자의 언어』, 존소포릭 저, 윌북

『이 땅에 태어나서』, 정주영 저, 솔출판사

『핑크펭귄』, 빌비숍 저, 스노우폭스북스

『제임스 앨런 운의 법칙』, 제임스 앨런 저, 21세기북스

『나태한 완벽주의자』, 피터 홀린스 저, 넥서스BIZ

『브레이킹, 당신이라는 습관을 깨라』, 조 디스펜자 저, 산티

『일의 감각』 조수용 저, 레퍼런스 바이 비

『책 읽고 매출의 신이 되다』 고명환 저, 라곰

『이 책은 돈 버는 법에 관한 이야기』 고명환 저, 라곰

『The Flow(더 플로)』 안유화 저, 경이로움

시집

『끝까지 남겨두는 그 마음』 나태주 저, 북로그컴퍼니

『너무 잘하려고 애쓰지 마라』 나태주 저, 열림원

『봄이다, 살아보자』 나태주 저, 한겨레출판

『이해인의 햇빛 일기』 이해인, 열림원

『작은 위로』 이해인 저, 열림원